천천히 걸어도
멈추지 않으면 됩니다

천천히 걸어도
멈추지 않으면 됩니다

전홍웅 지음

삶으로 복음을 증명하라

맑은샘

들어가는 말

　무엇이든 포기해야 한다는 N포 시대를 살고 있습니다. 참으로 황망한 일이 아닐 수 없습니다. 무엇이든 포기한다는 것은 과연 무엇을 의미하는 것일까요? 희망을 포기해야 하는 7포 세대를 넘어 생명의 위협이 되는 일자리까지 포기해야 하는 8포 세대가 끝인 줄 알았습니다만 이제는 모든 것을 포기해야 하는 N포 세대라는 겁니다. 이 얼마나 가슴 아픈 현실입니까.

　이 얼마나 황망한 일입니까? 아무리 그래도 무엇 하나쯤은 남아 있어야 하는데 하다못해 지푸라기라도 남아 있어야 하는데 무엇이든 포기해야 하는 시대라니요. 참으로 가슴이 천 길 낭떠러지로 곤두박질할 일이 아닐 수 없습니다.

　저 역시 어떻게 하면 이 땅에 발을 딛고 살아가는 사람으로서, 글을 쓰는 사람으로서, 사람들에게 희망의 메시지를 전해야 하는 사명자로서, 종교인이든 비종교인이든 함께 더불어 사는 사람들에게 힘과 용기의 메시지를 전해야 하는 국민의 한 사람으로서 이와 같은 암울한 세대를 그냥 보고만 있을 수밖에 없는 자괴감과 무거운 책임감에 여러 날을 힘겨워하며 몸을 떨어야 했습니다.
 그런 차에 학교에서 채플을 인도할 때, 젊은이들의 눈에 든 절망의 그림자는 저를 이렇게 긴 여정의 길로 들어서게 한 원동력이 된 것입니다.
 마치 태풍이 몰아치는 칠흑의 밤바다에 일정한 간격으로 불빛을 던지는 등대의 역할을 하게끔 길을 재촉했던 것입니다. 이 어두운 세대, 무엇이든 포기해야 하는 이 암울한 세대의 등대지가 되어 힘겨워하는 세대에 조금이나마 힘과 위로가 되는 그런 빛을 전달하는 도구로 쓰이도록 길을 나서게 한 것입니다.
 그렇습니다. 저의 작은 불빛과도 같은 미력함이 얼마의 힘이 될지는 모르나 그럼에도 누군가 그 미력한 힘으로 다시 삶의 방향을 잡고 일어설 수 있지 않을까 하는 등대지기의 치기(稚氣)라 하더라도 옹골지다 할 것입니다. '치기'라는 말에 '옹골지다'라는 말이 모순인 듯 보일 수 있지만 희망의 불빛이라고 담보하기 위해서는 무리수를 둘 수밖에 없었음을 이해해 주시기 바랍니다.
 특별히 이 책의 전편이라고 할 수 있는 「하늘묵상」과 같이 이 글의 내용도 저희 교회 카페에 게시된 글을 편집해서 출간한 것입니다. 전편인 「하늘묵상」은 제사장적인 안목의 내용이라면 이번 책은 선지자적인 안목의 내용이라 하겠습니다. 종교인이든 비종교인이든 함께 희망과 소망을 붙들 수 있는 도전적인 내용을 담고자 했습니다.

부디 이 책이 이 땅의 N포 시대에 쫓겨 살아가는 모든 이들에게 조금이나 쉼과 돌아봄의 여유를 공유할 수 있다면 더할 나위 없겠습니다. 아울러 어떤 환경에도 계시는 하나님을 만나 영육(靈肉)의 승리자가 되길 축복합니다.

끝으로 멈추지 않으면 끝이 있을 긴긴 터널을 지나고 있는 딸아이와 체력적으로 힘들어하는 사랑하는 아내에게 이 모음집이 힘이 되었으면 기쁘겠습니다.

차 례

들어가는 말　　　　　　　　　　　　　　　　　　5

제1장

나의 이야기

멈추지 않는 길	18
내가 누구인지 알고 싶습니까?	20
열도 나고 아팠습니다	20
모락모락 김이 올라오는 쌀밥을	22
거울 속을 들여다보세요	23
커피를 마시려고	23
오랜만에 헌혈을 합니다	25
한 번은 아버지 병수발을 들 때였습니다	25
아버지와 목욕을 했습니다	27
아버지의 등(背), 나의 눈(眼)	28
휴대전화로 문자를 보냈습니다	31
목욕탕에 갔었습니다	32

배에서 꼬르륵 소리가 납니다	33
간만에 찜질방에 왔습니다	33
카페에 앉았습니다	35
초콜릿을 받았습니다	36
전화가 걸려 옵니다	37
트렌드 예측에 관한 책을 읽었습니다	38
혼자서 밥을 먹었습니다	39
봄기운이 살짝 다가와 전열기를 정리합니다	41
동네 커피전문점에 들렀습니다	42
간만에 기타를 쳤습니다	45
토스트를 만들어 먹었습니다	46
나는 누구입니까?	48
나는 누구일까요?	52
하나님은 우리를 말씀대로 신묘막측하게 지으셨네요	54
샤잠이라는 영화를 보았습니다	55
하나님이 세워 주신 나의 자리	57
불러 세우심	61
저는 악기를 좋아합니다	63
아침에 일어나서 제일 먼저 하는 일이	64
남산 타워(YTN 서울타워)에 처음 올라가 보았습니다	66

제2장

그들의 이야기

쉼도 길이다	70
남을 알고 싶습니까?	72
친절하고 기분 좋게 맞아 주는 식당의 밥은	73
남의 나이를 자꾸 물어보지 마세요	74
당신은 누구입니까?	75
병원엘 갔습니다. 아픈 분들이 참 많았습니다	77
나이가 들면 고집이 세진다는 말이 저의 어머니를 보니 맞는 듯합니다	78
연초엔 사물놀이패가 온 동네를 흥겹게 합니다	80
아내가 바리스타 자격증을 따 왔습니다	81
딸 아이 졸업식에 다녀왔습니다	82
뒷모습은 언제나 쓸쓸합니다	83
뒤안길에 피는 것들	86
막내가 용돈을 달라고 합니다	88
한 소녀가 있습니다	89
엄마와 꼬마 아이가 길거리에서 실랑이를 합니다	91
거꾸로 자라는 마음	93
아버지와 애견 다롱이	96
어르신들이 아침 일찍 청소를 합니다	98
에디오피아 비행기가 추락했습니다	99

스티브 잡스의 말이 맞습니다	101

제3장
엄추지 않는 만상(萬象)들

온 세상의 하모니	106
가뭄으로 산천초목이 목이 마를 때	108
푸른 하늘을 올려다보면 기분이 참 좋아집니다	109
아무리 좋은 자동차도	110
식탁 한쪽에 갖가지 즙들이 놓여 있습니다	111
석탄과 다이아몬드는 원자번호 6, 원소기호 C인 탄소로 출발한다지요	112
드라이플라워	113
한 그루 나무	116
오랜만에 비가 촉촉이 내렸습니다	118
4월이 되면 벚꽃이 만개합니다	119
보름달이 휘영청 밝았습니다	121
달이 주는 묵상	122
무연히 하늘을 올려다봅니다	124
서쪽 하늘이 물들었습니다	125
꽃다발	126
교회 교육관에 자연의 소리를 틀어놓았습니다	127

파도 가까이 있을 때	129
파도	131
강물은 힘이 있어도	134
선풍기 날개는 중심을 잡고 돌아야 바람이 나옵니다	134
하늘을 나는 연을 보면 많은 생각이 듭니다	136
눈이 모처럼 펑펑 내립니다	138
뿌리가 주는 은혜가 있습니다	139
뿌리	141
뿌리가 주는 은혜 두 번째 이야기입니다	143
문득 낙엽을 바라보면서	146
낙엽	150
연필과 볼펜	152
바닷가 파도처럼	153
그것들은 늘 곁에 있었습니다	154

제4장

엄충이 없는 이야기

천천히 걷는다는 것	158
천천히 걸으면 실수하지 않습니다	160
역시 인생은 약한가 봅니다	161

한 줌의 숨 　　　　　　　　　　　　　　　　　　　164

폭풍을 만난 배가 파선 되지 않는다면 그 원리가 무엇일까요?　166

우리 몸은 물을 간절히 원합니다　　　　　　　　　　　167

건강한 사람은 어제처럼 그렇게 오늘 하루도 그냥 살면 됩니다　168

누구나 좋아할 만한 것이　　　　　　　　　　　　　169

1등 하려면 현장으로 가야 합니다　　　　　　　　　170

광야로 가는 이유　　　　　　　　　　　　　　　　172

　광야　　　　　　　　　　　　　　　　　　　　177

교만이 넘어짐의 앞잡이입니다　　　　　　　　　　179

그냥 자신의 자리에 서 있으면 될 것입니다　　　　182

또 하나의 1등 하는 비결　　　　　　　　　　　　185

사람은 하나님만으로 사는 것입니다　　　　　　　189

기다림의 힘　　　　　　　　　　　　　　　　　　192

기도할 수밖에 없는 이유가 있습니다　　　　　　　196

끝나야 끝난 것입니다　　　　　　　　　　　　　199

어깨를 펴고　　　　　　　　　　　　　　　　　　204

내 시각(視角)에 맞추려 하지 마세요　　　　　　　206

피아노 건반은 흰색과 검은색으로 되어있습니다　　211

　피아노　　　　　　　　　　　　　　　　　　　213

토르에 관한 이야기　　　　　　　　　　　　　　216

천천히라도 끝까지 가면 됩니다　　　　　　　　　218

다양하게 조화롭게　　　　　　　　　　　　　　　221

휴대전화기 충전은	225
틀림이 아니라 다름을 알아야 합니다	227
참 생명의 진귀함은 경이롭습니다	227
영화 교회 오빠가 주는 감동은…	229

제5장
지침이 없는 이야기

인내(忍耐)의 시간	234
또 하나 이김의 원리	236
불행한 일이긴 해도 하나님의 산고는 더 하십니다	239
믿음과 사랑 이야기	242
자연스러운 삶 살기	243
믿음은 어떻게 생겨날까요?	244
모자람이 없는 타임 포인트(Time Point)	247
목적하는 바가 분명해야 합니다	250
무엇으로 살아가야 할까요?	251
무조건 항복하는 삶의 능력	254
인간의 한계를 볼 수 있길 바랍니다	259
무엇으로 사는가	264
죄라는 것은 무엇일까요?	267

부드러움에는 놀라운 힘이 있습니다	269
사람은 무엇으로 바뀔까요?	272
삶의 이야기를 또 하게 됩니다	276
삶이란 무엇인가	280
시작과 끝의 주인은 누군가?	284
한계(限界) 위에서	286
내가 아니라 하나님이 하시니 신실한 복음이다	289
실력이 없으면 제발이지 은혜라도 붙들어야 할 것입니다	292
아파도 믿음의 삶은 멈추지 않아야 합니다	295
오래 하는 게 능력입니다	298
인내(忍耐)	302
부흥이란?	304

나가는 말	306
절대로, 절대로, 포기(抛棄)하지 마라	308

제 1 장

나의 이야기

멈추지 않는 길

바람이 불었다
이제는 나뭇잎보다도 느리게 흔들리는
내 걸음
숨을 고르며, 나는 또 한 걸음
누군가는 달리라 말하고
누군가는 포기하라 했지만
主께서 내게 말씀하시기를
"네가 어디로 가든지
내가 너를 떠나지 아니하리라" 하셨으니
비틀거리는 발걸음도
믿음의 걸음이면
도(道)는 결코 사라지지 않는다

처음에는 눈물로 씨를 뿌렸고
지금은 흙먼지를 삼키며 걷는다
그러나 언젠가
그 눈물은 열매가 되고
그 흙먼지는 광(光)이 되어
하늘 앞에 설 것이다.

나는 빠르지 않다
그러나 멈추지 않는다
십자가 그늘 아래
쉼을 얻을지라도
나는 다시 일어나
그분의 흔적을 따라간다.

느려도 된다
지쳐도 괜찮다
방기(放棄)하지만 않으면
이 길은 결국
영원(永遠)으로 이어지리니
내가 이 길의 끝에서
주를 뵈올 그날까지
오늘도 나는
한 걸음,
그리고 또 한 걸음

🌿 내가 누구인지 알고 싶습니까?

내가 누구인지 알고 싶습니까?
그러면 힘겨운 고난에 기꺼이 들어가십시오.
마치, 티백(tea)이 뜨거운 물을 만났을 때,
그 차(tea)의 실체를 알 듯 비로소 내가 누군지 알게 될 것입니다.

> "다만 이뿐 아니라 우리가 환난 중에도 즐거워하나니 이는 환난은 인내를, 인내는 연단을, 연단은 소망을 이루는 줄 앎이로다"_(롬 5:3,4)

> "나는 고통을 통해 나 자신을 이해하게 되었다."_(헬렌 켈러)
> (I came to understand myself through pain. _Helen Keller)

🌿 열도 나고 아팠습니다

열도 나고 아팠습니다. 약국에서 약을 사 먹고 견디고 견디다 결국 병원을 찾았습니다.

"약간 폐렴 증상이 있습니다."
"…."
난생처음 진단받은 병이라 꺼림직했습니다.

해서 열심히 빼먹지 않고 약을 잘 챙겨 먹었습니다.

이번처럼 약을 이렇게 챙겨 먹긴 난생처음인 것 같습니다.

그래서인지 5일째 완전히 나은 것 같았습니다.

"사진을 보니 완전히 나았군요. 그런데 빨리 나은 것 보니 폐렴이 아니었나 봅니다."

"…."

웃기는 의사라며 속으로 투덜거렸습니다.

혹여, 모르니 3일분을 더 처방해 주었지만, 이번엔 그냥저냥 건너뛰며 약을 먹었습니다.

그래서인지 다시 목이 살살 아파져 왔습니다.

깜놀…

다시 정상적으로 먹기 시작했습니다.

그런가 봅니다.

불만과 불순종은 어떤 형태로든 우리에게 유익하지 않은가 봅니다.

순종만이 삶을 풍요롭게 하는가 봅니다.

"만일 그들이 순종하여 섬기면 형통한 날을 보내며 즐거운 해를 지낼 것이요" _(욥 36:11)

🌿 모락모락 김이 나는 쌀밥을

모락모락 김이 나는 쌀밥을 윤이 나는 김에 싸 입에 넣습니다.

음~ 입 안으로 번지는 맛과 향.

하지만 안타까운 것은 그것을 누리기 위해 치명적 독극물을 바다에 뿌려야 합니다.

안 되는 일이지요. 우리가 누리기 위해 마구잡이식으로 그렇게 해서는 안 될 것입니다. 물론 그렇다고 김을 먹지 말자는 말이 아닙니다. 누리기 위해 다른 방법은 없는지 심각하게 생각해 보자는 의미이지요.

그것을 안다면,

물고기가 사는 그곳에

바다 생물이 사는 그곳에

우리가 살지 않는다며 덮어놓고 그곳에

남이 잘 사는 청정공간에 하나님이 잘 관리하라는 그곳에다 일말의 양심도 없이 마구마구 독을 살포하는 일은 일어나지 않을 테지요.

식탁 한켠에 놓인 맛김을 보며 미안하다는 생각이 들었습니다. 식도락 이놈의 혀를 어찌할 수 없을까요?

"율법을 지키는 자는 지혜로운 아들이요 음식을 탐하는 자와 사귀는 자는 아비를 욕되게 하는 자니라"_(잠 28:7)

🌿 거울 속을 들여다보세요

거울 속을 들여다보세요. 거기에 저가 있습니다.
그런데 거기에 진짜 저가 있는 것일까요?
아닙니다.
외형은 있을지 모르나 진짜 중요한 저 마음은 거기에 없습니다.
그렇습니다.
보인다고 그게 전부라고 생각하면 안 될 것입니다.
보이지 않는 진짜를 빼고 이야기하는 것은 큰 오류를 범하는 것일 테지요.
그래서 보이지 않는다며 하나님을 빼고 사는 삶 역시 참으로 큰 오류를 범하는 삶이라 하겠습니다.

"그는 보이지 아니하는 하나님의 형상이시요 모든 피조물보다 먼저 나신 자니"_(골 1:15)

🌿 커피를 마시려고

커피를 마시려고 컵에 뜨거운 물을 담아 그 안에 진한 커피 분말가루 한 스푼을 넣었습니다.
모락모락 피어오르는 김에서 향긋한 원두 냄새가 기분을 맑고 좋게 합니다.

그런데 문득 어떤 커피가 세상에서 가장 맛있는 커피일까?… 라는 생각을 해보았습니다.

그건 아마 불가능한 일이라 생각이 들었습니다.

똑같은 중량의 분말이 들어가더라도,

물의 양,

물의 재질.

물의 온도,

컵의 재질.

컵의 온도.

커피의 원료.

커피 마시는 시간.

커피 마시는 공간과 환경.

그날의 날씨와 바깥 날씨… 온도… 섭도…

그날의 기분…

그러니

제일 맛있게 느껴질 때가 세상에서 가장 맛있는 커피라고 하겠습니다.

아울러 하나님 주신 것이 세상에서 제일이라는 믿음을 놓지 말아야 하겠습니다.

"여호와는 나의 목자시니 내게 부족함이 없으리로다" _(시23:1)

🌿 오랜만에 헌혈을 합니다

오랜만에 헌혈을 합니다. 팔뚝에 꽂은 주삿바늘을 타고 피가 연신 빠져나갑니다.

그런데 피는 생명이라고 하지만 피가 몸 밖으로 웬만큼 빠져나가도 죽지 않나 봅니다.

그러고 보면 생명은 나누는 것인가 봅니다.

그렇습니다.

나누면 살리게 되고 배가 되니 당연히 나누는 것이 맞을 테지요.

"우리가 이같이 너희를 사모하여 하나님의 복음뿐 아니라 우리의 목숨까지도 너희에게 주기를 기뻐함은 너희가 우리의 사랑하는 자 됨이라"_(살전2:8)

"나누면 줄어드는 것이 아니라, 되려 많아진다."_(공자)
(What is shared does not decrease; rather, it grows. _Confucius)

사도 바울은 생명 나눔의 원리를 잘 알고 있었나 봅니다.

🌿 한 번은 아버지 병수발을 들 때였습니다

한 번은 아버지 병수발을 들 때였습니다. 아버진 침상에서 며칠

이나 변을 보지 못했습니다.

　물론 뒤에 알게 된 사실은 장에 이상이 있어 못보신 것이 아니라 숨기신 것입니다.

　어머니가 며칠 오시지 않은 탓에 그런 일이 일어났습니다.

　아들에게 변을 보이고 싶지 않으셨나 봅니다.

　평소 자식들에게 추한 꼴 보이기 싫다는 말씀은 그렇게 증명이 되었습니다.

　물론 그렇더라도 그게 무슨 큰일이기에 엉덩이에 독이 베일 정도로 꼭꼭 숨길 일은 아닐 것인데 말입니다.

　내 새끼, 아들 아들 큰아들, 하시던 아버진 피 한 방울 섞이지 않은 아내보다 불편하셨나 봅니다. 그러고 보면 물보다 피가 진하다는 말이 꼭 맞는 것은 아닌 듯합니다.

　　"아담이 가로되 이는 내 뼈 중의 뼈요 살 중의 살이라 이것을 남자에게서 취하였은즉 여자라 칭하리라 하니라" _(창2:23)

　　"때로는 우리가 선택한 가족이, 태어난 가족보다 더 강하다."
　　_(작자 미상)
　　(Sometimes the family we choose is stronger than the one we're born into. _Anonymous)

🌿 아버지와 목욕을 했습니다

아버지와 목욕을 했습니다. 아니 씻겨 드렸습니다. 앙상한 뼈와 거죽거죽한 피부가 손에 닿을 때마다 낯선 사람으로 느껴졌습니다. 무슨 이유인지 모르겠습니다. 아마도 그곳에서 태어난 제가 되레 이질적인 존재로 변해 버린 것이겠지요. 근본도 모르는 그와 같은 존재로 말입니다.

앙상한 뼈, 거무죽죽한 피부 그것은 저를 만들며 그렇게 되었을 것인데 그 사실도 모르고, 말입니다.

"내 아들아 내가 무엇을 말하랴 내 태에서 난 아들아 내가 무엇을 말하랴 서원대로 얻은 아들아 내가 무엇을 말하랴"_(잠31:2)

"나쁜 시작은 나쁜 끝을 낳는다"_(영어 속담)
(A bad beginning makes a bad ending. _English Proverb)

근본을 모르면 영영 엉뚱하게 된다는 사실을 새삼 깨닫습니다.

아버지의 등(背), 나의 눈(眼)

어느 날
아버지의 등을 보았습니다
삐걱거리는 견(肩)
굽은 배(背),
한 벌의 옷처럼 남은 피부(皮膚)
그 등은
짐을 지고 산을 넘은
나귀처럼
조용히 웅크려 있었습니다

나는 알지 못했습니다
그 등에 실렸던 것이
내 삶이었다는 것을
나는 외면했습니다
그 침묵이
기도였다는 것을
나는 무지(無知)했습니다
그 침묵 속에
主의 음성이 있었음을

그는 내 아버지였고
나는 그의 아들이었지만
나는 늘
그를 한 사람의 인간으로 보지 못했습니다

그가 흘린 한(汗)과
그가 삼킨 통처(痛處)와
그가 버텨낸 빈곤(貧困) 위에
내 안일(安逸)이 놓였다는 것을
이제야 압니다

主여
나는 너무 늦게 봅니다
이 시력(視力)없는 눈을
씻기소서
아버지는 늙고
나는 철들었습니다
그것이 이 세상에서
우리가 나눈 마지막 순서였습니다

이제라도
그 손을 붙잡고 기도합니다

"主여, 내 아버지를
기억하소서.
그의 등을 어루만지시고
그의 여윈 심(心)을
주의 품으로 들이소서."
그리고
나를 아들 되게 하소서
진정으로

🌿 휴대전화로 문자를 보냈습니다

휴대전화로 문자를 보냈습니다. 마음을 담아서 조심스럽게 보냈습니다. 조금 있다 답이 왔습니다.

"헐…"

간단한 답이었습니다. 하지만 순간 차디찬 얼음물을 뒤집어쓴 듯함에 망연하기까지 했습니다. 다칠세라 떨리는 마음으로 조심조심 보냈건만…

그렇습니다. 휴대전화기가 아니라 편지로 보냈다면 그렇게 쉽게 대답은 돌아오지 않았을 테지요. 그러고 보면 휴대전화기는 글자만 보낼 뿐이지 마음은 그대로 두고 전해주는가 봅니다. 그래서 휴대전화기는 감정을 마르게 한다고 말들을 하는가 봅니다.

"그리스도 예수의 종 바울과 디모데는 그리스도 예수 안에서 빌립보에 사는 모든 성도와 또한 감독들과 집사들에게 편지하노니"
_(빌1:1)

"편지는 사람이 남길 수 있는 가장 의미 있는 기록 중 하나다."
_(요한 볼프강 폰 괴테)
(Letters are among the most significant memorial a person can leave behind. _Johann Wolfgang von Goethe)

사도 바울 때도 휴대전화기가 있었다면 어땠을까요?

🌿 목욕탕에 갔었습니다

목욕탕에 갔었습니다.

평일에도 운동 후 샤워하고, 일주일마다 때를 미는데 웬 때가 이리 많이 나오는지요. 한데 때는 피부 각질이라 하지요. 그런 면에서 보면 참 감사할 일입니다. 나도 모르게 피부를 바꿔 주시는 하나님의 열심이 새삼 느껴지기 때문입니다. 손 하나 까닥하지 않아도 되는 은혜, 참으로 놀라운 은혜입니다.

> "너희에게는 심지어 머리털까지도 다 세신 바 되었나니 두려워하지 말라 너희는 많은 참새보다 더 귀하니라"_(눅 12:7)

> "시간과 건강은 고갈되기 전까지 우리가 깨닫지 못하는 두 가지 귀중한 자산이다."_(데니스 웨이트리)
> (Time and health are two precious assets that we don't recognize until they are depleted. _Denis Waitley)

🌿 배에서 꼬르륵 소리가 납니다

배에서 꼬르륵 소리가 납니다. 소리와 더불어 허기가 뱃속 저 어딘가에서 전해져 옵니다.

시간을 봤습니다. 정오를 방금 넘긴 시간입니다. 뱃속 자명종 시계는 정확합니다. 참 감사한 일입니다. 모든 게 값없이 주어지는 일들입니다. 그에게 해준 거라곤 제가 좋아 마구 삼켜 무지막지하게 괴롭힌 일밖에 없는데 그런 일에도 아랑곳하지 않고 이렇듯 정확하게 신호를 보냅니다.

감사한 일이 아닐 수 없습니다. 그래서 항상 기뻐하라고 말씀하셨는가 봅니다.

"감사는 가장 위대한 덕목일 뿐 아니라, 모든 덕목의 어머니이다."_(키세로)

(Gratitude is not only the greatest of virtues, but the parent of all the others. _Cicero)

🌿 간만에 찜질방에 왔습니다

간만에 찜질방에 왔습니다.

생각보다 많은 사람들이 양머리를 하고 삼삼오오 모여 땀을 빼고 있습니다. 물론 저도 몸이 무거워 땀을 빼러 왔습니다만 가만 생각하면 참 우습기도 합니다. 왜냐하면, 억지로 땀을 빼는 게 정말 좋은지 의문이기도 하고, 사실 TV 출연한 의사 선생님들이 이구동성 입을 맞춰 그게 아니라고 하시는데도 아랑곳하지 않는 저의 모습이 우습기 때문입니다.

의사 선생님들의 말에 의하면 잘못되면 급사할 수 있다는 말은 '설마'라는 포장지로 돌돌 말아 싸서 어디에 뒀는지 모르겠습니다. 그 탓에 그 말씀들이 어렴풋해서 무섭지도 겁나지도 않습니다.

혈액 속 수분이 다 빠져나가 되레 피가 더 뻑뻑하게 되는 것은 이론상으로 알고 있지만 그래도 당장 시원하다는 느낌에 찜질방 사랑은 누구도 막지 못할 것 같습니다. 아니 방해받고 싶지 않습니다.

그런데 진짜 뻑뻑해질까?… 설마 그럴까! 그렇다면 여기 이 수많은 사람들 중에 적어도 한 명 정도는 쓰러져 야단을 피워야 할 것인데 그러지도 않고… 여하튼 찜질방 사랑은 계속될 것 같습니다. 그럼에도 거짓 확신은 이렇게 위험한가 봅니다.

"훈계를 굳게 잡아 놓치지 말고 지키라 이것이 네 생명이니라"_(잠 4:13)

"남의 충고를 듣는 사람은 충고할 날이 온다."_(헨리 조지)
(He who listens to others' advice will have his day to give it. _Henry George)

🌿 카페에 왔습니다

카페에 왔습니다.

방금 나왔던 노래가 끝나고 다른 노래가 나옵니다. 가수의 이름은 알 수 없으나 첫 선율부터 마음에 쏙 듭니다. 주문한 음료가 나올 때까지 가만 눈을 감고 노래를 감상했습니다. 카페에 잘 왔다는 생각이 들었습니다. 잠시 후 다른 노래가 나올 테지요. 마음에 들지는 모르겠습니다만…

그런데 가만 생각해보니 제가 좋아하는 노래가 다른 분에겐 그다지 좋지 않을 수 있고, 반대로 다른 분이 좋아하는 노래가 제게는 또 별로일 수 있겠지요. 그러고 보면 사람의 정서나 감정은 분명 다 다른가 봅니다.

그런데도 우리 주변을 보면 사람을 천편일률적으로 줄을 세우려고 혈안이 된 모습을 종종 봅니다. 참으로 잘못된 일이라 생각됩니다.

단지 노래만으로도 다 다른데 말이지요. 어떻게 다 같을 수가 있겠습니까! 생각하면 얼마나 어리석고 우스운 일인지 모를 일입니다. 새삼 창조주의 다양성을 상기해 봅니다.

지금은 다른 노래가 흘러나옵니다.

역시나 다른 노래는 저에겐 별로입니다. 그래도 눈을 감고 듣고 있습니다. 한 번쯤 다른 노래를 들어보는 것도 더불어 사는 세상이니 그리 나쁘지만은 않을 듯합니다.

"나는 모든 사람이 나와 같기를 원하노라 그러나 각각 하나님께 받은 자기의 은사가 있으니 이 사람은 이러하고 저 사람은 저러하니라"_(고전 7:7)

"다양성 속에는 아름다움과 힘이 있다."_(마야 안젤루)
(In diversity, there is beauty and there is strength. _Maya Angelou)

🌿 초콜릿을 받았습니다

초콜릿을 받았습니다.
발렌타인데이라고 아내가 선물로 주었습니다.
그런데 단박에 한 달 뒤 나도 줘야 하는데 하는 빚으로 다가오는 이유는 뭘까요?
그냥 고맙고, 감사하고, 감동하면 안 될까요?
왜 그렇게 되지 않은 걸까요?
아마 때가 낀 영혼이라 그럴 것입니다.
기브 엔 테이크…
이와 같은 말이 일상이 된 오늘을 사니 당연한 것이겠지요.
순간 씁쓸함에 눈시울이 뜨거워집니다.
왜냐구요? 감동할 수 있는 감정을 잃어버렸기 때문입니다. 하나님이 주신 아름다운 그 감정 말이지요. 언젠가 작은 것 하나에도 감동했던 시절이 있었을 텐데 말이죠.

그 감동의 순간을 어떻게 회복할 수 있을까? 하는 생각에 적잖은 자괴감이 듭니다.

가만히 읊조려 봅니다. 여보, 당신만큼은 감정이 메마르지 않았으면 해.

"주라 그리하면 너희에게 줄 것이니 곧 후히 되어 누르고 흔들어 넘치도록 하여 너희에게 안겨 주리라 너희가 헤아리는 그 헤아림으로 너희도 헤아림을 도로 받을 것이니라"_(눅 6:38)

"너 자신만을 위해 산다면 너는 헛되이 사는 것이다."_(앙드레 지드)

(If you live only for yourself, you are living in vain. _André Gide)

🌿 전화가 걸려 옵니다

전화가 걸려 옵니다.

모르는 전화지만 매번 비슷한 시간에 걸려 오는 전화라 발신처가 어딘지는 대충 알 것 같습니다. 대출 상담, 아니면 보험 상담일 것입니다. 아니면 검찰청이라며 들이대는 보이스피싱 전화일 수도 있고요.

여하튼 다들 열심입니다. 물론 그들의 일상이겠지만요.

그래도 받지도 않는 전화를 그것도 매번 그 시간대에 잊지 않고

전화한다는 건 그리 보통 일은 아닐 거로 봅니다.

지금도 휴대전화기에 '02'로 시작되는 번호가 저를 애절하게 올려다보며 반응하길 기다리고 있습니다. 아마도 그런 전화가 맞을 것입니다. 하지만 순간 아닐 줄도 모른다는 생각에 퍼뜩 전화를 받았습니다.

"…"

"여보세요?…"

아무 말이 없습니다. 사실은 일전에 모 출판사에 투고한 일이 있어 혹여 하는 생각에 받았는데 괜히 받은 것 같습니다.

"속이는 말로 재물을 모으는 것은 죽음을 구하는 것이라 곧 불려다니는 안개니라"_(잠 21:6)

"거짓말은 영혼의 병이다."_(플라톤)
(Lies are the disease of the soul. _Plato)

🌿 트렌드 예측에 관한 책을 읽었습니다

트렌드 예측에 관한 책을 읽었습니다.
눈에 단박에 띄는 단어가 있었습니다. '소확행'이라는 단어였습니다.

말 그대로 '작지만 확실한 행복'이라는 뜻입니다. 한동안 욜로에서 홀로로 인제는 나노라고 합니다. 그야말로 철저 내게만 집중하는 삶이라고 합니다. 이러다 2030년은 어떨지 걱정이 앞섭니다.

성경은 이타주의 삶을 말씀 하시는데 참으로 난감한 세대를 살아가는 것 같습니다. 그럼에도 하나님의 사람들은 원리는 붙들고 살아가야 할 것입니다.

세월이 아무리 바뀐다고 해도 사랑의 원리, 먼저 주는 원리, 이타주의 원리는 바뀔 수 없습니다. 하나님께서 그렇게 하셨으니까요.

"너희 중에 큰 자는 너희를 섬기는 자가 되어야 하리라"_(마 23:11)

"겸손은 자신을 낮게 여기는 것이 아니라, 아예 자신을 덜 생각하는 것이다."_(C.S. 루이스)
(Humility is not thinking less of yourself, it's thinking of yourself less. _ Clive Staples LewisLewis)

혼자서 밥을 먹었습니다

혼자서 밥을 먹었습니다.
콩잎이랑 김이랑 콩자반이랑 해서 맛있게 먹었습니다. 오늘도 점심은 혼밥이지만 어째 맛이 있습니다. 아마도 오전 내내 서재를 청소하느라 많이 움직인 탓인가 봅니다. 그리고 보면 운동은 뭐든다 좋게 만드는가 봅니다. 건강도 밥맛도 기분까지도 말입니다. 그런 기분 탓인지 책상 위에 읽다가 둔 성경책을 보자 문득 이런 구절이 생각납니다.

한 알의 밀알 이야기 말입니다. 밀알이 땅에 떨어져 죽어야 열매를 많이 맺는다는 원리의 말씀 말입니다. 매일 먹는 음식은 밀알과 같습니다. 우리를 위해 매일 죽습니다. 그리고 그 죽음으로 우리에게 힘을 주고 건강하게 살 수 있도록 합니다.

그러고 보니 음식에 관한 감사의 기도는 그것을 주신 하나님께만 한 것 같습니다. 정작 우리를 위해 기꺼이 희생해 갖가지 음식이 식탁까지 오도록 수고하신 분들껜 고맙다고 생각을 해보지 않았네요.

커피를 마시며 락엔락 통에 든 콩잎, 김, 콩자반을 물끄러미 내려다봅니다. 그리고 '고마워'라고 멋쩍은 감사를 합니다. 순간 커피향이 감동으로 저의 입안에서부터 전신으로 번져가는 것을 느낍니다.

"고마워."

"감사는 과거를 이해하게 하고, 오늘에 평화를 주며, 내일을 향한 비전을 만든다."_(멜로디 비티)

(Gratitude makes sense of our past, brings peace for today, and creates a vision for tomorrow. _Melody Beattie)

🌿 봄기운이 살짝 다가와 전열기를 정리합니다

봄기운이 살짝 다가와 전열기를 정리합니다.

겨우 내내 전기스토브는 저를 따뜻하게 해 주었습니다. 곁에서 변함없이 말이지요. 고장도 없이…

그 자리에 서서 회전을 원하면 회전하고 낮은 온도를 원하면 낮은 온도가 되고 높은 온도를 원하면 높은 온도가 되고 그 자리 그곳에서 겨우 내내 움직이지 않고 저의 곁을 지키며 몇 개월을 그렇게 수고했습니다. 어떤 군소리도 없이 말이지요.

그에 비하면 몇 개월 겨울동안 저는 어땠을까요? 전기스토브처럼 주어진 일에 수고나 충성은 고사하고 불만과 불평으로 살아온 것 같습니다. 특히 조금만 추우면 춥다고 난리, 더우면 덥다고 난리, 이것저것 온갖 불평과 불만이 가득한 몇 개월이었네요.

전기스토브를 정리하면서 이런저런 생각 끝에 부끄럽기도 해서 객쩍은 웃음이 나옵니다. 하나님은 깨달음의 스승을 성경뿐 아니라 저렇게 생명이 없는 것에도 두셨나 봅니다. 어떻게 하든 바른 천국 백성 만드시려고 말입니다. 여하튼 전기스토브로 깨닫게 하신 하나님께 감사드립니다.

"여호와께 감사하고 그의 이름을 불러 아뢰며 그가 하는 일을 만민 중에 알게 할지어다" _(시 105:1)

"지금 가진 것에 감사하면 더 많은 것을 얻게 된다."_(오프라 윈프리)

(Be thankful for what you have; you'll end up having more. _Oprah Winfrey)

🌿 동네 커피전문점에 들렀습니다

동네 커피전문점에 들렀습니다.

자주 찾는 카페는 분위도 좋고 무엇보다 원두 냄새가 일품입니다. 복잡한 일과를 벗어나 들리면 머리가 환하게 맑아지는 느낌이 그렇게 좋을 수가 없습니다. 한 잔에 5천 원 넘는 금액이지만 저는 기꺼이 마십니다. 매장 한 귀퉁이에 자리 잡고 앉아 홀짝이며 한동안 시간을 보냅니다.

어제는 카공족(카페에서 공부하는 사람들) 탓에 완전 구석진 곳에서 커피를 마셨습니다. 하지만 구석진 곳에서 반가운 책을 발견했습니다. 일찍이 출간된 혜민스님의 책이 간이 책꽂이에 꽂혀 있었습니다. 소소하게 공감되는 혜민스님의 이야기는 마치 낙엽이 잔잔한 개울물을 따라 움직이듯 그렇게 잔잔한 감동으로 마음을 적셔주었습니다. 가만히 책 이름을 뚫어지라 들여다보았습니다. 글쎄요. 아마도 혼자 덩그러니 앉아 친구들을 생각했던 모양입니다.

바삐 살아온 탓에 본의 아니게 떠나보내야 했던 현실의 삶, 스산한 과거의 뒤안길… 다만 낙엽만이 나뒹구는 차갑게 널브러진 아스팔트처럼 허무한 삶…

정말이지 멈추면 보이게 되는가 봅니다. 친구도, 가족도, 아내의 투정도 뒤로한 채 앞만 보고 달렸던 시간들이 주마등처럼 지나가는 것을 느꼈습니다. 무엇을 위해 그렇게 달렸는지, 그것을 잡기는 했는지 모르긴 해도 잡지도, 누리지도 못한 삶이라 할 것입니다.

생각하면 실체도 없는 신기루를 향해 죽어라 달렸던 나날들… 달려가며 나중에 후회는 하지 말자고 그렇게 다짐했건만 웬걸 후회하는 삶만이 오롯합니다.

커피가 따듯한 느낌으로 목울대를 부드럽게 타고 넘어갑니다. 오늘은 지친 아내를 위해 진한 커피를 만들고 싶습니다. 그리고 둥근 테이블 위에 연보라색 보를 깔고, 가운데는 안개꽃 한 움큼, 붉디붉은 장미 한 송이를 꽃병에 꽂아 놓고 평소 좋아하는 노래를 잔잔히 틀어 은은한 조명등 아래에서 부드러운 커피를 함께 마셔볼까 합니다.

훌리오 이글레시아스의 'Hey'라는 곡이 끝날쯤에 아마도 서로 입맞춤을 하고 있지 않을까 싶네요. 아마 저의 천사는 한없는 행복감으로 입가에 슬며시 환한 미소를 머금고 웃을 테지요.

"미안해. 인제 천천히 가지 뭐….”
"…"

"너무 빨리 달렸어."

"…"

"톱스타 유백이에게 선장님이 '쉼 없이 달려왔으면 이제는 멈출 때도 되었지.'라고 한 말처럼 말이야."

"…"

"왜, 말이 없어? 나 진짜야!"

"아멘."

아마도 이런 대화를 하지 않을까 합니다.

그러네요.

멈추니 보입니다. 그것을 깨닫는데 이렇듯 시간이 많이 걸렸습니다. 마치 인생 말년에 가서 철이 든 성경의 야곱과 같은 삶이라 생각됩니다. 그래도 감사합니다. 이렇게라도 깨달았으니 말입니다.

"야곱이 바로에게 아뢰되 내 나그네 길의 세월이 백삼십 년이니이다 내 나이가 얼마 못 되니 우리 조상의 나그네 길의 연조에 미치지 못하나 험악한 세월을 보내었나이다 하고" _(창 47:9)

"성찰하지 않는 삶은 살 가치가 없다." _(소크라테스)

(The unexamined life is not worth living. _Socrates)

🌿 간만에 기타를 쳤습니다

간만에 기타를 쳤습니다.

한 1년 만이지 싶습니다. 전에는 기타로 반주도 하고 많은 은혜를 누렸는데 한동안 놓고 있습니다. 그래서인지 손가락 굳은살이 없어 많이 아프기도 하고 연주도 원만히 되지 않았습니다. 줄을 정확히 눌러야 하는데 아프니까 그러지 못해 자꾸만 이상한 소리가 나고 또 옆의 다른 줄을 건드려 연주가 되지 않았습니다.

그러고 보면 그와 같은 원리가 우리 삶이 아닌가 생각됩니다. 주어진 자리, 주어진 권리, 주어진 임무 그것을 정확히 감당해야 다른 사람에게 해가 되지 않을 것입니다. 귀찮다고, 싫다고 대충 감당하거나 자신의 자리 떠나 어디 쉬운 자리 없나 기웃거린다면 자신뿐 아니라 모두에게 안 좋은 영향을 끼칠 테지요. 혼란은 그렇게 일어나는 것이고 분열은 그 결과가 되겠지요.

자기 자리를 지키고 있는 기타 줄을 정확히 잘 다루면 얼마나 은혜가 되고 그 소리가 아름다운지 모릅니다. 많은 사람에게 기쁨이 되지요.

그런 면에서 자기 자리 지킴은 아름다운 기타 연주와 같다고 하겠습니다. 그렇습니다. 그 연주로 우리 모두에 유익이 되는, 아름다움이 되는 일이 되어야 하겠습니다.

"네 하나님 여호와께서 네게 주어 차지하게 하시는 땅 곧 네 소유

가 된 기업의 땅에서 조상이 정한 네 이웃의 경계표를 옮기지 말지니라"_(신 19:14)

"당신이 청소부라면, 베토벤이 음악을 작곡하듯, 미켈란젤로가 그림을 그리듯, 청소를 하라."_(마틴 루터 킹 주니어)
(If you are called to be a street sweeper, sweep like Beethoven composed music and Michelangelo painted. _Martin Luther King Jr.)

🌿 토스트를 만들어 먹었습니다

토스트를 만들어 먹었습니다.
토스트기에서 노릇노릇하게 구워진 식빵에 딸기잼을 발라 우유랑 먹었습니다. 아침 운동을 마치고 난 후 허기진 배를 채우는 데는 이만한 음식도 없습니다. 사실 처음에는 온도조절을 잘못해서 바싹 굽기도 하고 시꺼멓게 태우기도 했는데 인제는 완벽 그 자체입니다.
노릇노릇 잘 구워진 식빵을 보면서 이런 생각을 하게 됩니다. 인생에는 고난이 있을 수밖에 없다고 하지요. 그것이 나의 잘못으로 오든, 인생을 향한 단련 차원에 하나님에게서 오든 여하튼 이 땅을 살아갈 때 우리는 고난을 피할 수 없는 것 같습니다. 하지만 그 단련, 고난이라는 것이 하나님 말씀처럼 감당할 수 없는 것으로 주시지 않는다고 하셨기에 도에 넘치는 고난은 없을 테지요. 하지만 우리가 가끔 느끼기에 지나친 고난과 같은 모습이 있는 것도 사실입니다.

마치 토스트기로 구운 식빵이 너무 뜨거운 온도로 새까맣게 타버린 것처럼 말입니다. 그렇게 되면 누가 그것을 음식이라며 먹겠습니다. 고난도 역시 그럴 것입니다. 가끔 세상으로 갔다가 다시 하나님 품으로 돌아왔다는 간증들을 들어보면, 물론 하나님 품으로 돌아와 그렇게 간증을 하지만 고난으로 인생이 너무 망가진 안타까운 모습을 종종 보게 됩니다.

저런 몸으로 인제 무엇할까? 하는 망연함 같은 것이 들 때가 있다는 것이지요. 다 타버린 그런 모습 말입니다. 그렇습니다. 고난은 하나님이 주시는 감당할 수 있는 은혜의 고난이 되어야 할 것입니다. 그래야 나중에 노릇노릇 구워진 식빵처럼 모두에게 유익을 주는, 기쁨을 주는 아름다운 일이 될 거니까요.

그런 차원에서 우리 주위 너무 힘들어하는 이웃이 있다면 다가가서 손을 내밀어야 하는 것은 지극히 당연한 일이라 할 것입니다. 다 타버리면 안 되니까요. 잘 구워진 식빵이 주는 메시지입니다.

> "사람이 감당할 시험 밖에는 너희가 당한 것이 없나니 오직 하나님은 미쁘사 너희가 감당하지 못할 시험 당함을 허락하지 아니하시고 시험 당할 즈음에 또한 피할 길을 내사 너희로 능히 감당하게 하시느니라" _(고전 10:13)

"세상은 고통으로 가득 차 있지만, 그 고통을 이겨낸 이야기로도 가득 차 있다."_(헬렌 켈러)

(Although the world is full of suffering, it is also full of the overcoming of it. _Helen Keller)

🍃 나는 누구입니까?

오래전에 본 '증인'이라는 영화 이야깁니다. 좋아하는 여배우가 주연을 맡았습니다. '김향기'라는 배우입니다. 역시 이번에도 김향기 씨의 연기가 돋보였습니다. 자폐증 연기를 어쩜 그렇게도 잘하는지요. 정말 연기자는 연기자인가 봅니다.

그런데 특이한 건 그 자폐아의 말은 시종일관 단문이지만 깊고도 깊은 철학적인 사고를 담고 있는 말들이었습니다. 그녀가 있는 그대로, 본 그대로, 느낌 그대로 툭툭 내뱉는 말이긴 해도 더러운 때로 가득한 세상을 살아가는 저에게 그녀의 말은 이미 저세상에 간 철인의 말을 대신하고 있었습니다.

긴 밤을 지나 새벽을 깨우며 터져 나오는 아침 햇살의 따듯함과 강렬함의 한 줄기 섬광! 영혼을 찌르는 듯한 신선함에 저는 문득문득 호흡을 가다듬어야 했습니다.

결국, 종영쯤에 변호사 역인 정우성 씨에게 던진 그녀의 한마디는 참고 참았던 눈물샘을 터뜨렸습니다.

"당신은 좋은 사람입니까?"

제게는 이렇게 들렸습니다.

"당신은 참 예수쟁이입니까?"로 말입니다.

2005년에 출간된 '후안 카를로스 오르티즈'의 '제자입니까?'라는 책은 당시 많은 그리스도인들에게 도전을 주었습니다.
기억으론 당시 그와 같은 책 표지 질문에 처음엔 "뭐야!"라며 지나친 기억이 있습니다. 물론, 이후 그룹 스터디에서 교제로 활용해 달달 외울 정도로 읽었습니다만. 그런데 그때 지나쳐 버렸던 도전의 말은 새삼 6년이 지난 지금 하나님께서 영화를 통해 다시 한 번 더 물으셨습니다.

"너 진짜 예수쟁이 맞냐?"라며, "내 종이 맞냐?"라며 말입니다.

부끄러웠습니다.
영화가 끝났지만 한동안 자리를 뜰 수 없었습니다.
아내 보기에도 미안했고, 교우들에게도 참으로 미안한 마음이 들었기 때문입니다.

당신은 좋은 사람입니까? 라는 말을 들은 변호사역인 정우성 씨는 그 일로 초심으로 돌아갔습니다. 저 역시 허울뿐인 예수쟁이의 삶을 어떻게 정리해야 할까라는 생각에 잠겼습니다만 당장은 막막할 뿐이었습니다.

귀신을 무력하게 할 만큼 이미 권능을 주셨지만 복음서의 제자들처럼, 죽기 살기로 기도하지 않은 탓에 주신 권능은 이미 힘을 잃어버렸고, 되레 무력한 삶마저 기신기신하는 저 자신을 보며 한없이 무너져 내렸습니다. 현상 유지하는 것만도 잘한다는 동료의 말에 위안 삼았던 일이 한심하기 짝이 없었습니다.

"당신은 좋은 사람입니까?", "당신은 진짜 예수쟁이입니까?", "너, 진짜 나의 종이 맞니?"

이와 같은 질문이 3일 내내 머리를 떠나지 않고 맴돌면서 가슴을, 머리를, 두드려 깼습니다. 하지만 그 물음에 어떤 식으로든 답은 하긴 해야 하는데 할 수가 없었습니다.

마지못해 그 답 대신 새벽에 일어나 제일 먼저,

"하나님, 나는 누굽니까?"라는 생뚱맞은 되물음으로 얼렁뚱땅 하나님 물음에 갈음했습니다만…

내일 새벽이 겁이 납니다.

"그러니까, 너 진짜 예수쟁이 맞냐고?" 하실 것 같아서 말입니다.

사랑하는 여러분!
우리는 진짜 누구입니까?
이렇게 살아가는 게 맞는 것입니까?
우리는 진짜 예수쟁이들이 맞습니까?
아마도 하나님은 저 다음으로 여러분에게 물으실 것 같습니다.

"너희도 진짜 예수쟁이가 맞냐?"라고 말입니다.

> "전에는 우리도 다 그 가운데서 우리 육체의 욕심을 따라 지내며 육체와 마음에 원하는 것을 하여 다른 이들과 같이 본질상 진노의 자녀이었더니"_(엡2:3)

> "무엇보다도, 네 자신에게 진실하라."_(윌리엄 셰익스피어)
> (This above all: to thine own self be true. _William Shakespeare)

나는 누구일까요?

거울 속의 나는
청춘의 나와 조금 다릅니다
눈가엔 기억(記憶)의 주름이,
가슴엔 기도(祈禱)의 흔적이
고요히 새겨져 있지요.

사람들은 묻습니다.
"지금, 무엇을 위해 사느냐"고.
세상은 대답합니다.
"성공(成功), 소유(所有), 이름(名聲)을 위해."
그러나 나는 오늘도 묻습니다.
나는 누구입니까, 주여?

젊은 날의 나
무엇이 옳은지 몰라
많은 길을 돌아왔습니다
길 위에서 만난
슬픔과 용서, 그리고 은혜(恩惠),
그것이 오늘의 나를 만들었습니다

나는 어쩌면
하늘을 본받으려는 흙일지도 모릅니다
부서지고 깨져도
주께 드려진 마음이라면
그 또한 존귀한 것이라 믿습니다

이제 나는 압니다
내가 누구인지
나는 세상의 빛과 소금은 아니나
빛이신 주님을 따르는 그림자이며,
소금보다 깊은 눈물을 아는
작은 제자입니다

오늘도 다시 묻습니다
"나는 누구입니까?"
그러면 주님은 대답하십니다
"너는 내가 사랑하는 자,
내가 잊지 않는 이름이다"

🌿 하나님은 우리를 말씀대로 신묘막측하게 지으셨네요

하나님은 우리를 말씀대로 신묘막측하게 지으셨네요.

성경 시편에 보면 하나님께서 인간을 신묘막측하게 지으셨다는 고백이 나옵니다. 시편 기자는 다윗인데 그와 같은 고백 속에는 하나님의 지혜가 너무너무 높고 깊고 넓어 표현하기가 여의찮아 그렇게밖에 표현할 수 없다는 그런 뉘앙스를 담고 있습니다.

그렇습니다. 어머니가 크게 다쳐 인제 소천 하시겠거니 할 만큼 절망적인 상황이었지만 시간이 지나면서 그렇게 망가진 갈비뼈 6개와 쇠골이 연로한 탓에 인위적인 수술도 하지 않은 상태에서 골절된 부분들이 붙기 시작한 것을 보면서 다윗의 고백과는 또 다른 신묘막측함의 은혜를 누리게 되었습니다.

한두 개도 아닌 망가진 뼈들이 시간이 흐르고 때가 되니 처음으로 되돌아 와 온전해지기 시작한 것은 제가 생각하기에 기적이며 신묘한 일이 아닐 수 없었습니다. 여든의 중환자인 어머니가 기력을 회복하는 모습은 저에게 또 다른 믿음의 고백을 하게 했던 것이지요. 앞으로 저의 믿음의 고백 가운데 신묘막측이라는 말이 자주 등장할 듯합니다.

"내가 주께 감사하오음은 나를 지으심이 신묘막측하심이라 주의 행사가 기이함을 내 영혼이 잘 아나이다"_(시 139:14)

"인간은 하나님의 모든 피조물 가운데 가장 고귀하다."_(존 칼빈)

(Man is the most noble of all God's creatures. _John Calvin)

샤잠이라는 영화를 보았습니다

샤잠이라는 영화를 보았습니다.

좀 오래된 영화이긴 한데, 재미있는 오락영화여서 스트레스가 나름은 해소되는 시간을 가진 것 같습니다. 그런데 꼭 그런 것만 아닌 것 같아서 씁쓸하기도 합니다. 참, 사람의 마음은 이상합니다. 좋으면 좋지, 좋으면서 꼭 그런 것만 아니라는 말은 무슨 뜻일까 싶습니다. 여하튼 영화는 재미있기도 했고 또 그렇지 않기도 했습니다.

왜 그러냐면, 이 영화는 오락영화답게 화끈하게 전개되어야 했습니다만 그러지 못했습니다. 물론 슈퍼맨도 토르도 위기에 빠지기도 합니다만 이 영화는 끝날 때까지 주인공이 힘을 제대로 발휘하지 못하는 겁니다.

이미 자신에게 주어진 힘을 그는 몰랐습니다. 물론 느닷없이 주어진 초능력을 쉽게 인정할 수는 없겠지만 그래도 영화니까, 오락영화니까 어느 시점에 가서 우리가 원하는 대로 화끈하게 액션을 보여줘야 했는데 그러지 못하더라는 것입니다. 그렇다고 내용이 있는 드라마도 아니고 말입니다.

얼마나 답답한지 죽을 지경이었습니다. 무한한 능력을 이미 가진 자이지만 늘 당하는 그의 모습은 스트레스 날리려 왔다. 되레 스트레스를 받는 형국이었습니다. 이쯤 되면, 이쯤 되면… 그러나 저의 바람은 수포로 돌아가고 말았습니다. 물론 마지막은 시원스레 보여 주었습니다만. 그러나 이미 제 마음은 상할 대로 상한 뒤였습니다.

그렇습니다. 영화를 통한 교훈이 있습니다. 우리는 자신의 능력에 걸맞은 삶을 살아야 하겠습니다. 하나님으로부터 엄청난 권세를 받았지만 여전히 죽을 쑤는 삶은 영화의 샤잠이나 다를 바 없을 것이겠지요.

하나님께서 주신 권세, 능력으로 다윗이 골리앗을 쓰러트린 것처럼 그렇게 멋있고 시원시원한 삶을 살아야 하겠습니다. 그렇게 살면 능력을 주신 하나님도 좋으실 것이며, 주위 사람 역시 우리를 통해 하나님을 발견하게 되는 그런 일이 될 수 있을 것입니다. 그렇지 않으면 하나님뿐 아니라 모두에게 짜증이나 불편함, 심지어는 스트레스를 줄 수 있는 사람이 될 것입니다. 권능과 능력을 받은 자들로 그럴 수는 없는 일이지요.

"예수께서 나아와 말씀하여 이르시되 하늘과 땅의 모든 권세를 내게 주셨으니" _(마 28:18)

"당신의 사명은 당신이 존재하는 이유이며, 하나님이 세상에 당신을 보내신 목적이다." _(릭 워렌)
(Your purpose is the reason you exist, and the mission God sent you into the world to fulfill. _Rick Warren)

🌿 하나님이 세워 주신 나의 자리

베란다에 나갔습니다.
눈이 따가워 하늘을 올려다보았습니다.
거기엔 요즘 쉬이 볼 수 없는 청명한 하늘이 드리워져 있었습니다.
순간 시상이 떠올라 주저리주저리 읊조려보다 그만두었습니다. 왜냐하면, 죄책감이 들어서입니다.

뻥 뚫린 베란다에는 잎이 기름져 번들번들한 고무나무가 있습니다.
한동안 복도에 두었다가 베란다로 내놓은 고무나무입니다.
복도에서 베란다로 나온 이유는 가끔 그것도 아주 가끔 물을 주기가 귀찮아 옛다 하고 내놓은 탓입니다.
그런데 가만 보니 이 녀석이 있어야 할 곳은 복도가 아니라 처음부터 베란다였던 겁니다.
왜냐하면, 온실과 같은 복도와 달리 산성비, 초미세먼지가 뒤엉키는 베란다에서의 모습은 그야말로 생명 그 자체였기 때문입니다.
얼마나 기름지고 풍성한지…
기운 없이 시들한 것과는 차원이 다른 생명의 기운을 발산했습니다.
저는 폭군이 아닐 수 없었습니다. 녀석의 목을 끝없이 조르고 있었기 때문이지요.

마침내 녀석의 숨통이 뛴 것입니다.
죄책감…

그런 차원에서
우리의 자리를 살펴보십시다.
저와 여러분은 지금 어디에 서 있습니까?
좀 더 정확히 말하면,
하나님께서 우리를 지금 어디에 세워 주셨는가 하는 것입니다. 그 자리가 어떤가 하는 것입니다.
여러분!
혹여 그 자리가 아닌 것 같은 가요?
그래서 그 자리를 떠나고 싶으신가요?
그러면 잘 사실 것 같은 가요?
그게 최선의 자리일 것 같은 가요?
그래서 지금 당장 그 자리를 떠나려 하고 있습니까?

잊지 마시기 바랍니다.
사람은 뭣 모르고 뭐든 아무렇게나 세워둘지 몰라도
하나님은 가장 정확한 자리, 반드시 내가 있어야 할 자리, 그 자리에 세워두신다는 사실을 간과하지 않아야 합니다.
비록 힘들고 고난이 있는 자리라도, 마치 고무나무가 산성비를 맞고 초미세먼지를 뒤집어쓰는 자리가 복된 자리처럼, 하나님이 세워두신 저와 여러분의 그 자리는 복된 자리라는 것이지요.

그 자리는 최상의 자리인 겁니다. 그러니 범사에 감사해야 하는 것이지요.

저 사자 굴의 다니엘을 보십시오.
풀무불 속의 세 친구를 보십시오.
어디 그뿐이겠습니까.
인신매매 당하는 요셉을 보십시오.
그들은 그들의 자리에서 결코 불평하지 않았습니다.
왜 그렇습니까?
그렇습니다. 하나님이 세워 주신 자리이며 복된 자리임을 굳게 믿었기 때문이지요.

사랑하는 여러분.

저 고무나무가 아둔한 주인 탓에 힘겨워했던 것을 보십시오. 그러나 우리를 여기 세워두신 하나님은 우둔하지도 미련하지도 졸지도 주무시지도 않으십니다. 눈동자 같이 보호해 주시는 전능하신 하나님이십니다.

그러니 세워 주신 곳이 복된 자리임을 굳건히 붙들고 그냥 충성해야 할 것입니다. 그것이 믿음이며 하나님 영광됨의 삶이라 하겠지요.

"이스라엘을 지키시는 이는 졸지도 아니하시고 주무시지도 아니하시리로다"_(시 121:4)

"우리는 약하지만, 하나님은 결코 약하신 적이 없다. 당신은 그분의 능력 안에 살고 있다."_(맥스 루케이도)

(We are weak, but God has never been weak. You live in His strength. _Max Lucado)

불러 세우심

나는 이제야
길을 찾습니다.
바람 많던 청년(靑年)을 지나
이제 주름진 얼굴로
주의 음성을 듣습니다.
"내가 너를 불렀노라
사람을 살리는 자로."
그 말씀은 칼 같고
또한 기름 같았습니다.
나를 찢고
나를 싸매며
숨은 상처(傷處)를 비추었습니다.
나는 모른 척하며
안일(安逸)에 눕고
사명의 무게를
타인의 몫이라 여겼습니다.

그러나 이제
더는 외면할 수 없습니다.

눈물 젖은 말씀과
가슴 뜨거운 기도 속에서
주께서 주신 그 호소(呼召)
"영혼을 깨우라."
나는 목자도, 선지자도 아닙니다.
다만 그 피로 산 자일 뿐입니다.
그러니 오늘도
이 마른 골(骨)에
생기(生氣)를 부어 주소서.
죽은 자를 살리셨던
主의 음성으로
지친 자를 일으키게 하소서.

나는 회진(灰燼) 속에서도
불씨를 붙들겠습니다.
한 사람, 또 한 사람을 향하여
생명의 길을 비추겠습니다.
주여
내가 여기에 있나이다.
나를 보내소서.

저는 악기를 좋아합니다

저는 악기를 좋아합니다. 그러나 잘 다루지는 못합니다. 할 수 있는 게 기타와 드럼일 것입니다. 기타는 고등학교 때 예수님을 영접하고 나서 배웠으니 꽤 오래된 것 같습니다. 아시겠지만 기타를 치다 보면 종종 줄이 끊어지는 일이 있습니다. 조율할 때나 연주할 때 그런 일이 종종 일어납니다. 그럴 때 참 난감합니다.

그러나 연주를 하려면 반드시 줄을 교체해야 합니다. 아니면 천하없어도 연주는 할 수 없습니다. 6줄에서 하나라도 없다면 말이지요. 왜냐하면 6개의 줄 소리가 잘 어우러져야 멋진 연주음이 나올 수 있기 때문이지요. 그런데 신기한 건 줄을 하나씩 퉁겨 보면 그렇게 좋은 소리가 나질 않습니다. 물론 연주도 되지 않지요. 하지만 6개 줄을 동시에 퉁기면 얼마나 멋있는 음이 나오는지 모릅니다. 신기할 따름입니다.

그렇습니다. 그와 같은 원리에 주어지는 은혜가 있습니다. 하나님은 우리를 만드시고 각자에게 나름의 은사(재능)을 주셨습니다. 그 이유를 깊이 생각하면, 각자 혼자의 힘으로 살 것 아니라 더불어 살아가라는 의미입니다. 그래서 교회 공동체가 있는 거고요. 그렇게 보면 교회 공동체를 떠나면 아무것도 할 수 없다는 것은 진리라 하겠습니다. 왜냐하면, 함께 모여야 아름다운 연주를 할 수 있기 때문이지요.

그리고 각각의 기타 줄을 조율하는 것과 같이 각자 주어진 기능이 정확하게 셋팅 될 때 최고의 연주가 나오듯 우리 각자는 공동체가 최고의 능력을 발휘할 수 있도록 자신의 은사를 정확하게 조율하고 확인해야 하는 것입니다. 당장 노트북 자판에서 손을 떼고 아르페지오 연주로 스바냐 3장 17절의 찬양을 고백하려 합니다. 아마 하나님이 기뻐하시겠지요.

> "너의 하나님 여호와가 너의 가운데에 계시니 그는 구원을 베푸실 전능자이시라 그가 너로 말미암아 기쁨을 이기지 못하시며 너를 잠잠히 사랑하시며 너로 말미암아 즐거이 부르며 기뻐하시리라 하리라"_(습3:17)

> "하모니란 단지 같음이 아니라, 차이를 품을 줄 아는 사랑이다."_(마하트마 간디)
> (Harmony is not just about sameness, but about love that embraces differences. _Mahatma Gandhi)

🌿 아침에 일어나서 제일 먼저 하는 일이

아침에 일어나서 제일 먼저 하는 일이 뭔가? 하고 보니 참 웃기는 일이었습니다. 목회자가 하나님 아니면 아내를 먼저 찾아야지, 휴대전화기에 빅스비 아가씨를 제일 먼저 찾지 뭡니까! 그러고는 하는 말이 "빅스비 오늘 미세먼지는?"이라고 합니다. 그런데 이 빅스비 아가씨도 우리 하나님처럼 정확하게 대답을 해줍니다. 그것도 아주 상냥한 목소리로 말입니다. 그리고 나서 저는 자리를 뜹니다.

　우스운 일입니다. 하나님의 말씀으로 하루를 시작하는 것이 아니라 얼굴도 전혀 모르는 아가씨의 말을 듣고 시작을 합니다. 목회자가 이래도 되는지 우습습니다. 여하튼 그렇게 하루의 문을 엽니다. 미세먼지가 무섭긴 하나 봅니다. 사실 아버지가 폐질환으로 소천하셨기에 먼지에 민감한지 모르나 어느 순간부터 미세먼지, 초미세먼지에 민감하게 반응하는 자가 되었습니다. 솔직히 오래 살려는 것이겠지요.

　그런데 이런 생각을 해봅니다. 미세먼지, 초미세먼지가 우리의 육신을 병들게 한다는 그런 강박엔 민감하지만 정작 우리 영을 병들게 하는 죄에 대한 민감함은 있을까요? 그것도 미세먼지 아닌 초미세먼지처럼 눈에 보이지 않을 만큼의 작은 죄에 대한 민감함이 있는지 의문입니다. 혹여, 그것이 우리의 영을 병들게 해 영을 죽여도 아랑곳하지 않고 있는 건 아닌지요? 그렇다면 육신에는 민감하나 영에는 너무 둔감한 우리가 아닐 수 없다는 것이지요.

　성경은 이렇게 말씀합니다. 육신의 생각은 사망이며 영의 생각은 생명이라고 말입니다. 그런데도 우리는 늘 육신만을 생각하느라 정신이 없습니다. 목회자를 보세요. 아침 일어나 미세먼지를 제일 먼저 챙기는 모습 말입니다. 이러다간 당장은 산 것 같으나 잠정 죽은 삶이 아닐 수 없습니다.

내일 아침부터는 우선순위를 바꾸어야 하겠습니다. 물론 그것이 그렇게 중요할까 싶지만 그래도 첫 단추를 바로 끼우는 그런 일부터 해야 할 듯합니다. 그게 사실 맞겠지요.

"하나님 오늘도 생명 주셔서 사명 감당케 하심 감사합니다."라고 해야겠습니다. 빅스비 아가씨가 서운해도 할 수 없습니다. 순서가 바르지 않아 바로 하는 것이니 상냥한 아가씨는 이해해 줄 것으로 생각합니다.

"여호와여 아침에 주께서 나의 소리를 들으시리니 아침에 내가 주께 기도하고 바라리이다"_(시 5:3)

"아침은 우리가 어제보다 더 나아질 기회를 주는 선물이다."_(작자 미상)
(Morning is a gift that gives us the chance to be better than yesterday. _Anonymous)

🌿 남산타워(YTN 서울타워)에 처음 올라가 보았습니다

남산타워(YTN 서울타워)에 처음 올라가 보았습니다.
서울에 가면 남산엔 가끔 올라가 보았습니다만, 1초에 4m로 이동하는 초고속 엘리베이터로 올라가긴 처음이었습니다. 탑 자체 높이만 236.7m인 타워는 모스크바 타워(302m)만큼이나 높다고 하는

데 올라가니 정말이지 눈만 좋으면 세상 끝까지라도 볼 수 있을 듯했습니다.

사방천지가 한눈에 들어와서 어디다 눈을 두어야 할지 순간 당황할 정도였습니다. 부산 촌놈(?)을 부인할 수 없음을 느꼈습니다. 끝없이 뻗어 있는 세상, 순간 옆의 아내가 참 예쁘고 소중하고 귀하고 그렇게 좋을 수가 없었습니다. 이 넓은 세상 속에서 둘의 만남은 기적이 아닐 수 없다는 생각이 들었기 때문이지요.

하나님은 어떻게 이 넓은 세상에서 저를 찾아 자녀 삼고 사랑해 주셨는지 참으로 놀랍습니다. 흐드러진 인간 가운데 그것도 아무리 생각해도 관심받지 못할 그런 존재인데 어찌 꼭 집어 아들이라고 또 자신을 아버지라고 부르라고 하셨는지 생각하면 할수록 감사할 일입니다.

연신 웃고 있는 아내는 천사입니다. 천사와 같이 차를 마셨습니다. 쓰디쓴 블랙커피지만 다디단 커피입니다. 천에 하나 만에 하나 만난 둘이 참 행복해합니다. 하나님도 참 좋아하실 듯합니다. 아니 틀림없이 기뻐하실 것입니다. 자녀가 이리도 행복해하니 말입니다.

"나의 사랑하는 자가 내게 말하여 이르기를 나의 사랑, 내 어여쁜 자야 일어나서 함께 가자"_(아 2:10)

"당신의 미소 하나가, 나의 하루를 바꿉니다."_(작자 미상)
(Your smile brightens my day more than the sun ever could. _Anonymous)

제 2 장

그들의 이야기

쉼도 길이다

달려왔다
누가 나를 채찍질한 것도 아닌데
스스로 내 어깨에
짐을 얹고 또 얹었다

시간은 나를 지나
주름이 되고
머문 자리마다
바람만 남았다

그때
主께서 말씀하셨다
"수고하고 무거운 짐 진 자들아
다 내게로 오라
내가 너희를 쉬게 하리라"

그래서 나는
처음으로 멈춰 섰다
멈춤이 죄(罪)가 아님을

주님 앞에서 배웠다

길 위에 앉아

기도(祈禱)하고,

고개를 들면

구름 사이로 빛이 내리고

그 빛 속에

나의 호흡(呼吸)도,

나의 상처도

그분의 품 안에 녹아든다

바람이 분다

아직은 먼 길이 남았지만

지금은 괜찮다

조금 쉬어가도 된다

쉬는 것이

포기함이 아님을

넘어진 자가

패배자가 아님을

이제야 안다

나는 일어설 것이다

그러나 지금은

주의 품 안에서

잠시 눈을 감는다

🌿 남을 알고 싶습니까?

남을 알고 싶습니까?
그러면 나를 먼저 아는 게 우선이겠지요.
왜냐하면, 나를 알면 남을 알게 되어 있기 때문입니다.
나와 남은 받침 "ㅁ"만 다를 뿐 똑같습니다.
내가 아프면 남도 아픕니다.
내가 기쁘면 남도 기쁩니다.
내가 슬프면 남도 슬픕니다.
내가 울면 남도 웁니다.
모두가 똑같습니다.
그러니 나를 알면 자연스레 남을 알게 돼 있습니다.
그렇게 되면 역지사지(易地思之)의 삶은 참 쉬울 것입니다.

"서로 돌아보아 사랑과 선행을 격려하며" _(히 10:24)

"우리가 친구에게 대하길 바라는 방식대로 친구에게 행동해야 한다." _(아리스토텔레스)
(We should behave to our friends as we would wish our friends to behave to us. _Aristotle)

🌿 친절하고 기분 좋게 맞아 주는 식당의 밥은

친절하고 기분 좋게 맞아 주는 식당의 밥은 아무리 소박한 밥상이라도 보약과도 같습니다.

왜냐하면, 먹고 나면 기분이 좋아지기 때문입니다.

모르긴 해도 이곳 식당은 기분 좋게 음식도 준비했을 거고요.

주방장님의 기분 좋음은 밥도 나물도 건강하고 싱싱할 테니까 보약이 아닐 수 없겠지요. 하지만 아무리 좋은 산해진미라도 경직된 식당의 밥은 잘 먹고도 왠지, 독약을 먹은 듯 속이 불편합니다. 참 이상합니다.

그러고 보면 사람은 밥을 먹고 사는 게 아니라 친절, 기분 좋음, 관심, 사랑 등 이런 것을 먹고 사나 봅니다.

"마른 떡 한 조각만 있고도 화목하는 것이 제육이 집에 가득하고도 다투는 것보다 나으니라"_(잠 17:1)

"친절은 장님이 볼 수 있고 귀머거리가 들을 수 있는 언어다."
_(마크 트웨인)
(Kindness is the language which the deaf can hear and the blind can see. _Mark Twain)

🌿 남의 나이를 자꾸 물어보지 마세요

남의 나이를 자꾸 물어보지 마세요.
많아서 숨기고 싶은 사람
작아서 숨기고 싶은 사람
이런저런 이유로 숨기고 싶은 사람들이 생각보다 많습니다.
그러니 우리 서로 나이는 묻지 않기로 해요.
이야기 안 할 수도, 할 수도 없는 그런 애매한 분위기는 관계를 깨는 데까지 갈 수 있으니까요. 그러지 않으면 그가 내일부터 당신을 피할 줄도 모릅니다.

> "내 눈을 돌이켜 허탄한 것을 보지 말게 하시고 주의 길에서 나를 살아나게 하소서"_(시 119:37)

> "누구와 함께하든 모든 행동은 상대에 대한 존중을 담아야 한다."_(조지 워싱턴)
> (Every action done in company ought to be with some sign of respect to those that are present. _George Washington)

당신은 누구입니까?

당신은 누구입니까?
옷깃을 스친 인연이지만
어쩐지 오래전부터 알고 있었던
그런 얼굴을 하고 있군요.

미소 속에 감춘 고단함(苦難),
침묵 뒤에 가라앉은 사연들,
그 무게를
누가 헤아릴 수 있을까요.

혹시 당신도
젊은 날 어딘가에서
하늘을 향해 소리쳤던 사람입니까?
"왜 나입니까?"
"어디 계십니까, 하나님?"

눈빛이 말해줍니다.
당신은 상처(傷處)를 견뎌낸 자,
사랑을 버텨낸 자,

그리고 아직
믿음을 놓지 않은 자라고.

나는 묻고 또 묻습니다.
당신은 누구입니까?
그러나 더 깊이 들려오는 질문—
"그대는 누구입니까?"

마치 거울처럼
당신의 존재가 나를 비춥니다.
그리고 우리는 압니다.
당신도, 나도
그리스도의 손에 새겨진 이름이며,
이 땅의 나그네요,
저 하늘의 시민(市民)이라는 것을.

그러니 당신,
넘어지면 잠시 쉬어가십시오.
나는 당신을 위해 기도하겠습니다.
이름도 모른 채 흘려보낼 수 없는
하나님의 작품(作品)이기에.

🌿 병원엘 갔습니다. 아픈 분들이 참 많았습니다

병원엘 갔습니다. 아픈 분들이 참 많았습니다. 그럴 줄 알았지만 그래도 이만큼인 줄은 몰랐습니다. 그런데 아프다고 골방에서 혼자 끙끙댈 땐 몰랐는데 되레 이곳에선 마음이 풍성해졌습니다. 그것은 이 많은 사람 중 나와 같은 병을 가진 환우가 있다는 생각에서 그런 마음이 들었습니다. 이상하죠. 병들고 아프면 아무짝에 쓸모없다고 하는데 꼭 그렇지만도 아닌 것 같습니다. 아프지만 저도 여기 누군가에게 위로가 되는 그런 사람일 테죠. 그렇습니다. 이 세상에 쓸모없는 사람은 어디에도 없습니다.

"보라 형제가 연합하여 동거함이 어찌 그리 선하고 아름다운고"_ (시 133:1)

"인간은 어떤 경우에도 수단이 아니라 목적 그 자체로 대우되어야 한다."_(임마누엘 칸트)
(Human beings must always be treated as ends in themselves, never merely as means. _Immanuel Kant)

🌿 나이가 들면 고집이 세진다는 말이 저의 어머니를 보니 맞는 듯합니다

나이가 들면 고집이 세진다는 말이 저의 어머니를 보니 맞는 듯합니다.

어머니가 몇 주 전 크게 다치셨던 일이 있었습니다. 집 인근에 있는 텃밭에서 넘어져 그렇게 되었습니다. 넘어진 것도 넘어진 것이지만 굴러서 5M 아래로 떨어진 것입니다. 전날 비가 와서 밭갈이 하러 나가셨던 겁니다.

텃밭의 일은 수년 전부터 하기 시작하셨는데 자녀들이 위험하다고 그렇게 말씀을 드렸지만 아파트의 삶이 무료하시다며 극구 말리는 자녀들의 말을 귓등으로 들으시다 그렇게 된 것입니다. 사실 어머니의 마음을 이해하지 못하는 것은 아닙니다. 하지만 비탈길에다 원숭이도 나무에서 떨어지는 법인데 한번 넘어지면 상상하기 싫을 만큼 끔찍한 일이 일어날 거라며 극구 말리고 또 말렸지만 소용이 없었던 것이지요.

언제부턴가 자녀들의 이야기를 귀담아듣지 않으셨던 것으로 기억을 하는데 아마도 연세가 들면 어린아이가 되고 고집이 세진다는 말처럼 어머니도 이제 그런가 봅니다. 갈비뼈 6개와 쇠골이 부러진 중상을 입고도 병원에서 이것저것 말씀하실 때 얼마나 고집을 피우시는지 겉으론 예예 했지만 여간 마음이 불편했는지 모릅니다.

때론 주위에 민망할 만큼 그러시니 도대체 어찌 된 영문인지 알

다가도 모를 일이었습니다. 물론 정신분석학자의 이론에 따르면 어머니는 고령으로 고립감에다 나름 인생을 살 만큼 살았으니 내가 알아서 한다는 그런 생각이 은연중에 발동해 자기방어의 어떤 기질이 생겨나서 그런 것은 아닌가 하고 생각할 수 있습니다만 그러나 어머니의 큰 부상은 상상하기도 조차 엄청난 일이어서 자녀들은 모든 게 마냥 황망할 따름이었습니다.

꼼짝 못 하실 때는 아파트 인근 곳곳에 있는 길고양이 밥 주는 일도, 텃밭에 나가는 일도 인제 죽어도 않으시겠다고 하던 어머니가 점차 회복하시면서 고양이 말씀도 하시고 텃밭 말씀도 하시기 시작했습니다. 가슴이 또 철렁합니다. 연세가 들면 아이가 된다는 말이 요즘과 같이 진리처럼 들린 적은 없는 듯합니다.

"너희는 귀를 기울여 내 목소리를 들으라 자세히 내 말을 들으라"
_(사 28:23)

"성숙함은 조언이나 비판을 듣고 그것을 자기 성장의 도구로 바꾸는 능력이다."_(웨인 다이어)
(Maturity is the ability to listen to advice or criticism and turn it into a tool for personal growth _Wayne Dyer)

🌿 연초엔 사물놀이패가 온 동네를 흥겹게 합니다

연초엔 사물놀이패가 온 동네를 흥겹게 합니다.
물론 저 소리가 싫은 사람은 소음이겠지만요.
구정부터 대보름 사이에 저렇게 사업장마다 다니며 복을 빌며 복채를 받아 갑니다.
복채를 쉽게 내주지 않는 사업장 앞에선 오래 머물러 두들깁니다.
그러고 보면, 복도 돈을 줘야 누릴 수 있고 살 수 있나 봅니다. 돈이 없는 사람은 이리저리 소외감이 들겠습니다. 꼭 돈을 받아내야 한다는 결연한 각오로 두들겨대는 사물놀이가 올해는 흥겨움을 뒤로하고 씁쓸합니다.
정말이지 가난한 자, 부한 자 구분 없이 흥겨움에 춤을 추고 복도 함께 누린다면 얼마나 좋을까요…
흥겨운 가락 소리 안에 예리한 칼날이 숨어 번뜩임에 아찔합니다. 소리는 흥겨운데 자꾸만 눈시울이 붉어집니다.

"각각 그 마음에 정한 대로 할 것이요 인색함으로나 억지로 하지 말지니 하나님은 즐겨 내는 자를 사랑하시느니라"_(고후 9:7)

"자신의 의지로 한 친절은 억지로 한 선행보다 오래 기억된다."_(앤 네머리)

(Kindness done by one's own will is remembered longer than goodness done out of obligation. _Ann Nemmer)

🌿 아내가 바리스타 자격증을 따 왔습니다

아내가 바리스타 자격증을 따 왔습니다.

떨어지면 어쩌나 걱정하던 아내에게서 자격증을 건네받았습니다.

저까지 뭉클했습니다. 운전면허증 취득할 때도 그랬지만 아내가 뭔가 이루고 그것의 결과물을 보여 줄 때면 얼마나 이쁜지 모릅니다.

바리스타 자격증을 액자에 넣어 잘 보이는 곳에 걸었습니다. 부끄럽게 왜 걸었냐고 하지만 내심 좋아하는 눈치였습니다. 아내는 벽에 걸린 자격증을 카메라로 찍었습니다. 그 모습을 바라보는 저의 입가엔 저도 모르게 미소가 올라와 있습니다.

비록 작은 것에도 얼마나 감동하는지…

저의 아내는 참 귀엽고 예쁩니다. 다음 달엔 요리사 자격증을 따려고 합니다. 저는 벌써 요리사 자격증을 바리스타 자격증 옆에다 걸어 두었습니다. 아내는 또 활짝 웃을 것입니다.

"집과 재물은 조상에게서 상속하거니와 슬기로운 아내는 여호와께로서 말미암느니라"_(잠 9:14)

"훌륭한 아내는 남편의 힘을 세 배로 만든다."_(요한 볼프강 폰 괴테)

(A good wife triples her husband's strength. _Johann Wolfgang von Goethe)

🌿 딸 아이 졸업식에 다녀왔습니다

딸 아이 졸업식에 다녀왔습니다.

학사모를 쓴 학생들이 와글와글 여기저기서 가족들과 사진을 찍느라 분주합니다. 함박웃음 가득한 얼굴이 하나 같이 예쁘고 알 수 없는 뭔가로 풍성합니다. 저는 사진을 찍는 것은 좋아하지만 모델이 되는 것은 별로여서 그걸 아는 딸아이가 셀카로 아비 어미를 배경 삼아 마구 찍어댑니다.

호명되어 줄줄이 상을 타러 단상으로 올라가는 청년들이 대견하기도 하고 이제 어쩌나 하는 복된 날 생뚱맞은 생각이 분위기도 모른 채 바투 머리를 들고 일어납니다. 사실 딸아이 때문에 그런 생각이 든 것일 겁니다.

평소 녀석이 뭘 하려고 하나? 하는 생각만 했을 뿐이지 예민한 곳을 긁지 않았는데 오늘은 한 번쯤 인제 뭐 할 거니? 라며 물어보아야 하겠습니다. 그렇게 하는 게 맞을 듯합니다. 물론 저 생각입니다만.

피트 시험에 두 차례 미끄러진 녀석에게 어째 한 번 더 꾹 참고 지나는 게 맞을는지도 모르겠습니다만.

저 집 아이들은 뭘 저렇게 잘했는지 단상에 올라 줄줄이 상을 받고 박사님들과 일일이 악수를 하는지 모르겠습니다. 부러워 그냥 멀뚱하게 보기만 할 뿐 박수가 나오지 않습니다. 딸아이에게 아비는 저런 것 상관없다는 의미로 그러고 있습니다. 저는 그래도 개근상은 꼬박꼬박 받았는데 말이죠.

개인 사정으로 7년짜리 학사모를 보는 이 없는 하늘로 내던지는 딸아이의 모습이 왠지 쓸쓸해 보입니다. 느닷없이 하늘나라엔 제가 받을 상급이 진짜 있을까 하는 생각이 문득 듭니다. 혹여 민망한 일이 생기지 않았으면 하는 바람입니다. 점심은 기분 전환 겸 거하게 한번 쏘아야 하겠습니다.

> "운동장에서 달음질하는 자들이 다 달릴지라도 오직 상을 받는 사람은 한 사람인 줄을 너희가 알지 못하느냐 너희도 상을 받도록 이와 같이 달음질하라"_(고전 9:24)

> "당신이 해낸 일보다, 그 일을 하며 보여준 태도가 당신을 빛나게 한다."_(앤드류 매튜스)
> (It's not what you achieve, but the attitude you show while achieving it that makes you shine. _Andrew Matthews)

뒷모습은 언제나 쓸쓸합니다

뒷모습은 언제나 쓸쓸합니다.

2019년 2월 2일 김정은 북한 국무위원장이 베트남에서 귀국하려고 열차에 오르려 돌아선 뒷모습을 기억합니다. 그의 뒷모습은 회담의 결말을 단박에 알아차릴 수 있게 했습니다. 북한도 미국도 저들을 쳐다보는 모두도 같이 잘살아보자는 그런 공통분모가 있을 것인데 무엇이 그리도 맞지 않는지 서로가 등을 돌렸지요. 다 같이 잘 사는 세상 만들기가 그렇게 어려울까요? 분모가 공통이라면 그리 어렵지만은 아닐 터인데 말입니다. 그들의 뒷모습은 모두의 가슴을 '짠'하게 했을 테지요.

 아버지를 모시고 병원에 왔습니다. 그렇게 장골(壯骨)이셨던 아버지는 어느새 약골(弱骨)이 되어 이제는 휠체어에 의지해 진료를 받습니다. 휠체어에 앉으신 아버지의 뒷모습은 쓸쓸함이 무엇인지 막연했던 쓸쓸함의 개념을 밀어냅니다.
 조제된 약을 기다리며 자리에 앉으신 어르신들의 뒷모습이나 평소 억척같으셨던 어머니의 꼬부랑한 뒷모습 역시 협상 결렬로 돌아선 그들의 뒷모습을 꼭 닮은 듯합니다.

 이렇듯 뒷모습은 왠지 사람의 마음을 '짠'하게 하는 뭔가가 있는 것 같습니다. 연인이 헤어졌을 때 뒤를 돌아보지 말라는 말은 바로 그것을 염두에 둔 말이겠지요. 그런데 정말이지 철천지원수가 아닌 이상 한 번쯤 돌아봄도 그리 나쁘지 않을 듯합니다. '짠'해서 다시 달려갈 수도 있지 않을까요? 다시 붙들 수도 있지 않을까요? 그래서 다시 시작해 잘 살 수도 있지 않을까요? 이렇듯 뒷모습의 '짠'함은 모두의 아픔이며 눈물입니다.

"인생은 그 날이 풀과 같으며 그 영화가 들의 꽃과 같도다"_(시 103:15)

"인생은 멀리서 보면 희극이고, 가까이서 보면 비극이다."_(샤를 샤플랭)
(Life is a tragedy when seen in close-up, but a comedy in long-shot. _ Charlie Chaplin)

뒤안길에 피는 것들

돌아보면
참 많이도
걸었습니다
무언가 될 줄 알았던 날들
무언가 남길 줄 알았던 시간들

그러나
허공에 흩어진 말들만 남아
텅 빈 공석(空席) 같은 마음이
등 뒤에서 나를 부릅니다

가진 것들은
손틈으로 흘렸고
지킨 것들은
마음에서 멀어졌습니다
웃음은 단명(短命)했고
사랑은 상흔(傷痕)으로 남았습니다
쌓은 것들은
다시 흙으로 돌아가려 합니다

이제야 알겠습니다
삶은 늘 계획(計劃) 밖에서 자라고
시간은 불의(不義)처럼 스며드는 것임을
하지만
주여,
이 길 끝에서도
당신은 빛이시니
내가 무너진 순간(瞬間)마다
당신은 다시
나를 일으키셨음을 기억합니다

주여
나는 이제
이 쓰디쓴 뒤안길에서도
감사의 시편(詩篇)을 부르렵니다
흔들리는 걸음 위에
자비(慈悲)를 뿌리시고
메마른 영혼 위에
은혜(恩惠)를 적셔 주소서
뒤늦은 고백일지라도
주께 돌아가는 발걸음은
결코 헛되지 않으리니

🌿 막내가 용돈을 달라고 합니다

막내가 용돈을 달라고 합니다.

아이는 달라고 해도 꼭 2만 원을 넘지 않습니다. 친구들이랑 카페나 아니면 식당에 가서 한 끼 먹고 나면 반 이상을 쓸 텐데 그러면 나머지로 뭘 할까? 매번 그런 생각을 해봅니다. 물론 더 줄 수도 있지만 그냥 달라고 하는 대로 줍니다. 거기엔 그만한 이유가 있습니다. 아버지가 알아서 주면 될 것이지만 그러면 아들은 자신의 의중을 언제나 그런 식으로 표현할까 봐 알아서 주지 않는 거지요.

자신의 의중을 분명히 이야기하는 그런 사람이 되기를 바라는 아비의 마음입니다. 하나님께서도 알아서 주실 수 있지만 너희가 구해야 한다고 하셨지요. -(겔36:37)

아들이 그것을 아는지 모르는지 여하튼 앞으로도 그럴 것입니다. 그런데 아들 녀석은 아무래도 어릴 적 2만 원이라는 트라우마 아닌 트라우마에 갇힌 것은 아닌지 모르겠습니다. 한 번은 마트에 장난감을 같이 사러 갔을 때 자기가 사고 싶은 건 5만 원 이상이었는데 녀석이 그때 벌써 아빠의 호주머니 사정을 알았는지 여섯 살 짜리가 이렇게 말하는 겁니다.

"나는 저거 사고 싶은데 아빠 돈 없지?" 하는 겁니다. 그래서 "오늘은 그러네." 하니까 한참을 이것 봤다 저것 봤다 하더니 19,900원짜리 장난감을 사는 겁니다. 참 아픔이었습니다. 이후 기억으론 녀석이 뭘 사든 2만 원을 넘지 않았던 것 같습니다. 최근 들어 필요하면 더 달라 하라고 해도 역시 마찬가지입니다. 녀석이 2만 원을 흔쾌히 넘는 그런 날이 은근히 기다려집니다. 물론 녀석이 이미 철이 들어 아빠 호주머니 사정을 고려해 그런다면야 고마운 일이지만 그게 아니라면 빨리 그 속에서 탈출했으면 합니다.

그리고 보니 저의 기도 용량도 하늘 아버지 보시기에 답답해하시겠습니다. 아들은 철이 들어 그런다고 쳐도 저는 뭔가 싶네요. 철든 것도, 믿음 없는 것도 아닌 참으로 어정쩡한 하늘 백성입니다. 갑자기 아들 녀석 이야기하다가 참 부끄러운 생각이 듭니다.

"내 이름으로 무엇이든지 내게 구하면 내가 행하리라"_(요 14:14)

"당신의 꿈은 다른 사람에게 너무 크다고 느껴질 수 있다. 괜찮다. 그 꿈은 그들이 아닌 당신을 위한 것이니까."_(조엘 브라운)
(Your dream might seem too big to others. That's okay. It's meant for you, not for them. _Joel Brown)

🌿 한 소녀가 있습니다

한 소녀가 있습니다.
우리 교회 다니는 26살의 소녀라고 하기엔 그렇고 숙녀가 있습니다. 상담을 해보니 어릴 적 부모로부터 억압을 당한 경험, 거기다 친구들에게 따돌림으로 평소 자신감이나 자존감이 많이 떨어진 숙

녀입니다. 스스로 하는 일이 없습니다. 그러지 말라고 해도 하나부터 열까지 죄다 묻고 승낙을 받아 움직이는 모습은 보는 이는 그렇다 하더라도 본인은 얼마나 답답하겠습니까.

  물론 그런 환경에서 자란 본인은 정작 답답함을 느끼지 못할 거라는 말도 주위에서 하지만 심리학자들의 주장을 참고하면 무의식 속에 있던 억압이 언제 어떤 모습으로 튀어나올지 모른다고 하니 그러고 보면, 그것은 끓고 있는 마그마와 같은 상황이 아닐 수 없습니다.

  그렇다면 그녀는 언제나 위험을 품고 있는 형국이라 하겠습니다. 안타까운 일입니다. 부모의 억압, 친구들의 따돌림으로 인해 생겨난 병폐지요.

  그러고 보면, 우리 하나님의 자녀들도 마찬가지입니다. 하나님의 자녀로 자신감이 있는 삶은 어떤 삶일까요? 그것은 주신 자유의지를 사용해 하나님 말씀을 붙들고 수동이 아니라 능동적으로 움직일 때일 겁니다. 그러니까 그것을 붙들고 사는 사람이 언제나 자신감 넘치는 삶을 살 수 있겠지요.

  그런데 주위를 돌아보면 크리스찬의 모습이긴 한데 삶에서 뭔가 빠져 있는 듯한 그것은 아마도 하나님 말씀이겠지요. 나의 의지를 사용해 하나님의 말씀을 굳건히 붙들지 않으니 어떻게 살아야 하는지도 모르고 그 탓에 늘 자신감도 없고 수동적인 움직임만 있을 뿐이지요. 결국 실패하는 삶을 사는 겁니다.

26세 그녀는 영혼 없는 로봇처럼 늘 그렇게 움직이지만 우리 하나님의 백성들은 주신 자유의지가 있으니 소극적으로 무기력하게 움직일 이유가 없는 것이지요. 언제나 말씀이 곁에 있으니 오늘도 자신감, 내일도 자신감으로 살아가야 하는 것입니다. 그러고 보면 말씀이 늘 우리 곁에 있는 것이 그 무엇보다 감사해야 할 일입니다.

"그리스도께서 우리를 자유롭게 하려고 자유를 주셨으니 그러므로 굳건하게 서서 다시는 종의 멍에를 메지 말라" _(갈 5:1)

"능동적인 사람은 환경의 산물이 아니라 선택의 산물이다." _(스티븐 코비)

(Proactive people are not the product of their circumstances, but of their choices. _Stephen Covey)

엄마와 꼬마 아이가 길거리에서 실랑이를 합니다

엄마와 꼬마 아이가 길거리에서 실랑이를 합니다.
무작정 따라가려는 아이
야단하며 떼어 놓으려는 엄마.
아빠가 있었으면 문제없을 터인데,
오빠가 있었으면 문제없을 터인데,
아빠는 직장에, 오빠는 학교에 가고 없어 안타깝습니다.

아이는 오늘도 생각합니다.

나도 빨리 어른이 되고 싶다고 말입니다.

어른들이 동경하는 어린 시절을 되레 빨리 빨리 벗어나고 싶은 모양입니다. 이 또한 안타까움입니다.

"주께서 죄악을 책망하사 사람을 징계하실 때에 그 영화를 좀먹음 같이 소멸하게 하시니 참으로 인생이란 모두 헛될 뿐이니이다(셀라)"_(시 39:11)

"하나님께서 우리를 향한 뜻은 우리가 무엇을 하느냐가 아니라, 누구처럼 되는가에 있다."_(C.S. 루이스)

(God's will for us is not so much about what we do, but about who we become. _C.S. Lewis)

거꾸로 자라는 마음

아이였을 때
나는 어른이 되고 싶었습니다
크면 모든 것이 쉬울 줄 알았습니다
걱정도
눈물도
아무것도 아닌 줄 알았습니다

그런데 지금
어른이 된 나는
아이로 돌아가고 싶습니다
걱정도
눈물도
기도 한 마디에
잠잠해지는 그때로요

그땐 몰랐습니다
어른이 되는 건
더 많이 웃는 것이 아니라
더 조용히 아파야 하는 일이라는 것을

세상의 지혜로 가득 찼을수록
하늘의 말씀은 작아졌고
논리와 계산(計算)은 늘었지만
신뢰(信賴)와 단순(純)은 사라졌습니다

나는 이제야
예수께서 말씀하신
"어린아이와 같지 않으면
천국(天國)에 들어가지 못하리라"는
그 뜻을 압니다

내 지혜를 내려놓고
작아지고 싶습니다
내 욕심을 버리고
가벼워지고 싶습니다

아이들은 어른이 되고 싶어 하지만
어른은
구원 얻기 위해
아이처럼 되어야 한다는 걸
이제는 압니다

主여
나를 다시
어린아이처럼
부르시고
안으소서

아버지와 애견 다롱이

큰 집에 제가 싫어하지도 그렇다고 좋아하지도 않은 아버지의 애견 다롱이가 있습니다. 녀석은 검은색의 치와와로 생긴 것도 엄청나게 생겨서 많은 사람들의 입에 오르내릴 정도로 인기가 있습니다. 물론 아파트 인근에서만요.

그런데 이 녀석이 9살이 되고부터는 최근 들어 여기저기 병이 나기 시작해 몸이 불편한 아버지에게 적잖이 짐이 되고 있습니다. 물론 목욕과 운동은 어머니 차지지만 나머진 아버지가 관리를 해야 해서 말씀은 안 하셔도 힘들어하시는 것 같았습니다. 툭하면 피부병에다 설사 그리고 때마다 주사와 미용은 운신이 힘든 아버지가 도맡아 하시기에 저희가 볼 때 여간 안쓰러운 게 아닙니다.

녀석은 사람을 좋아하지만 아버지가 외출해서 귀가하시면 그동안 좋아했던 사람들을 단박에 적으로 몰아세워 경계를 합니다. 그래서 요즘은 아버지가 외출하시고 안 계실 때 별로 챙겨주지 않습니다. 매번 그 모습을 보면 속이 상하기 때문이지요. 그야말로 배신자인 겁니다. 하지만 아버지에겐 둘도 없는 효자(?)입니다. 오직 아버지 아버지만 바라봅니다. 그래서인지 자식들 하는 말이, 이제 아버지 건강도 있고 하니 이제 강아지를 입양을 하든 여하튼 정리를 하자고 말씀드릴 때마다 버럭 화를 내십니다. 그러시면서 하시는 말씀은 자식들의 마음을 적잖이 불쾌하게 하십니다.

"이만한 자식이 어딘노? 나갔다 돌아오면 이렇게 반갑게 맞아 주는 자식이 어디 있노 말이다."

나름 공경한다고 하는 자녀들, 일순 불효자가 되어 죽을 지경이 되고 맙니다. 장수하려면 부모를 공경해야 할 터인데… 저희들은 다롱이 때문에 장수하기는 틀렸나 봅니다. 사실 아버지 말씀처럼 다롱이 만큼은 하지 못하는 것은 맞습니다. 그러니 아무 말을 하지 못합니다. 그러고 보면 다롱이는 막내로 저희보다 효자인 건 맞을 듯합니다. 하지만 최근 녀석이 자꾸만 병치레를 해서 문제이지요. 왠지 다롱이의 자리가 보통 큰 게 아니라 여겨져 이후 일어날 일까지 생각하면 마음이 참 복잡해집니다. 우리가 밟고 사는 땅은 이래도 문제 저래도 문제인가 봅니다.

"네 부모를 즐겁게 하며 너를 낳은 어미를 기쁘게 하라" _(잠 23:25)

"부모에게 드리는 사랑은 하나님께 드리는 경외와 통한다." _(어거스틴)
(The love we give to our parents is connected to the reverence we offer to God. _Augustine)

🌿 어르신들이 아침 일찍 청소를 합니다

어르신들이 아침 일찍 청소를 합니다.

공공근로라 하여 아파트 인근 체육 시설에서 청소하십니다. 2인 1조로 총 2개조가 격일제로 나오셔서 청소를 하십니다. 덕분에 체육 시설 이용에 많은 도움이 됩니다. 그런데 한 가지 안타까운 게 있습니다. 체육 시설 한 모퉁이에 소나무 고목 한그루가 있는데 자고 나면 솔잎이 떨어져 청소를 해도 해도 끝이 없습니다. 그래서 어르신들은 연신 투덜거리십니다.

사실 청소할 거라곤 솔잎밖에 없는데 그러십니다. 그것도 당일에 다 처리할 일도 아닙니다. 그냥 2시간 정도 정리하시다 가시면 됩니다. 그러면 다음 날 다른 팀이 와서 하게 되니까요.

그런데 제가 안타깝게 생각하는 건 어떻게 하면 나무를 죽일 수 있을까 하시더라는 겁니다. 어르신들은 그 소나무 때문에 일을 하시고 돈을 벌어 가시면서 정작 황금알을 낳는 거위를 죽이려 하시는 겁니다. 소나무가 사라지면 청소할 게 없어지는데 말입니다.

한 번은 관계 기관의 관리자가 와서 투덜거리지 마시고 너 때문에 돈 번다고 생각하시라는 조언을 하고 간 적이 있습니다. 그럼에도 여전히 투덜거리십니다. 관리자는 소나무에 감사하라는 말을 한 것입니다. 그렇습니다. 감사하면 모든 게 끝날 일입니다. 물론 어르신들도 그것 아실 겁니다. 그런데 그 스트레스에 푹 빠져 있으시니,

왜 일을 하게 되는지를 알지 못하시는 겁니다. 가끔은 고개를 들어 하늘도 올려다보고 주변도 살핀다면 관리자의 조언을 가슴으로 느낄 수 있지 않을까 합니다. 그러면 자연스레 감사를 회복할 수 있을 것입니다.

"하나님을 알되 하나님을 영화롭게도 아니하며 감사하지도 아니하고 오히려 그 생각이 허망하여지며 미련한 마음이 어두워졌나니"_(롬 1:21)

"감사는 우리가 가진 것을 충분하게 만든다."_(작자 미상)
(Gratitude turns what we have into enough. _Anonymous)

🌿 에디오피아 비행기가 추락했습니다

수년 전 탑승객 157명이 전원 사망하는 안타까운 일이 있었습니다. 그런데 인생이라는 게 참 한 치 앞을 내다볼 수 없나 봅니다. 스위스 국적의 안토니스 마브로폴로스라는 사람은 2분이 늦어 탑승하지 못해 생명을 구했다고 합니다. 이런 보도를 종종 접할 때면 역시 인간은 참 약하고 어쩔 수 없는 존재구나 하는 생각을 하곤 합니다. 그가 늦지 않아 탑승했다면 어떻게 되었겠습니까?

구약성경에도 비슷한 사건이 나옵니다. 사울왕이 그와 같은 사람입니다. 블레셋과의 전투에 앞서 번제를 드려야 하는데 제사장인 사무엘 선지자가 빨리 오지 않는 겁니다. 백성들은 블레셋 군사들을 보고 겁이 나서 슬슬 도망가는 형국이 되니 사울왕은 사무엘 선지자를 기다리다 못해 자신이 번제를 드리고 말았습니다. 참 이상하죠, 드리고 나니 사무엘이 온 겁니다.

누가 그때 올 줄 알았겠습니까! 결국 그 일로 왕통이 사울 가에서 다윗 가로 옮겨지는 계기가 된 것입니다. 사무엘이 오기까지 기다렸다면 끝까지 기다려야만 했습니다. 그랬다면 그와 같은 일은 일어나지 않았을 터인데 말이지요.

인생은 그런가 봅니다. 인생을 생각하면 할수록 한계만이 오롯하게 살아납니다. 당시 안토니스 마브로폴로스 씨는 자신을 태워주지 않아 정말이지 화가 나 미칠 지경이라고까지 했다고 하는군요. 그러고 보면 순간순간이 감사할 것밖에 없는 인생임을 다시금 깨닫게 됩니다.

지난 60년의 삶을 돌아봅니다. 그렇습니다. 무한한 은혜의 삶인 것을 고백하게 됩니다. 한계를 아니까 자연 겸손이 따라 올 수밖에 없습니다.

"귀인들을 의지하지 말며 도울 힘이 없는 인생도 의지하지 말지니"_(시 146:3)

"인생은 진자처럼 고통과 권태 사이를 왔다 갔다 한다."_(쇼펜하우어)

(Life is a pendulum that swings between suffering and boredom. _Arthur Schopenhauer)

🌿 스티브 잡스의 말이 맞습니다

스티브 잡스의 말이 맞습니다.
한 번은 풍성한 나무의 가지치기를 하는 분에게 궁금해서 물어보았습니다.
보기 좋은 멀쩡한 가지를 왜 자르느냐고 말입니다.
답은 간단했습니다. 나무를 살리기 위함이라고 했습니다.
태풍이 올 때, 무사하려면 그렇게 가지치기를 해야 한다는 것입니다.
그랬습니다. 아름드리 풍성한 수목들은 살기 위해 낫과 톱에 의해 가지가 잘려 나가야 하고 때론 몸이 깎여 흉물스레 멀뚱 서 있어야만 합니다. 왜냐하면 살기 위해서 말이지요.
자기개발서 가운데 버리는 것과 정리하는 것을 주제로 해서 쓰인 책들이 많습니다. 그 책들의 결론은 버리지 못함으로써 저주와 같은 비극을 맞는다고 말합니다.
가짐이 능력이 아니라 버림이 능력이라고 역설하는 것이지요. 사람들의 인식과 생각과는 판이한 이야기입니다. 어찌 버림이 능력이 되겠습니까? 그럼에도 이해할 수 있어야 합니다. 마치 좁은 입구의 장독 속에 든 바나나를 놓아야 원숭이가 살 듯 그와 같은 원리를 깨달아야 합니다.

사실 하나님의 사람 쓰심을 보면 쉽게 이해할 수 있겠지요. 특히 모세를 보세요. 비움의 결정체입니다. 혈기 왕성한 40대의 힘을 40년 동안 전부 비우게 하셨습니다.

신약의 제자들은 복음서와 사도행전의 모습에서 판이한 모습을 보여줍니다. 사도행전의 성령 충만 무슨 말일까요? 그들 속에 있는 것 다 비우고 성령으로 가득 채워졌다는 것을 말하는 것입니다. 복음서에는 그런 말이 없습니다. 그러니 사도행전에서는 능력으로 쓰임을 받았던 것입니다.

바울 같은 사람은 가진 것 다 배설물이었다고 고백했습니다. 철저 비움의 능력을 말해주는 것이겠지요. 그것이 능력의 원리라는 것입니다.

오래전 2019년 6월에 미국에서 토니상 수상식이 있었습니다. 연극과 뮤지컬 분야의 아카데미상과 같은 대단한 상입니다. 여기에서 2살 때 교통사고로 하반신 마비가 된 31세의 알리 스트로커가 여우조연상을 받았습니다.

그녀는 기자들과의 인터뷰에서 이런 이야기를 했습니다. 나는 수영도 달리기도 할 수 없습니다. 하지만 노래와 연기는 할 수 있습니다. 그래서 나는 거기에 집중했습니다. 라고 했습니다.

무슨 말일까요?

그렇습니다. 자신이 할 수 없는 것 구질구질한 것 붙들지 않고 자신이 집중할 수 있는 것만 붙들었다는 것이지요. 타의로 장애를 입었지만 그것이 그녀에게는 도리어 능력이 된 것입니다. 할 수 있는 것만 붙든 심플함의 원리, 정수를 잘 보여 준 사례라고 할 것입니다.

저는 "나는 못 하는 것 빼고 다 잘한다."라는 말을 종종 합니다.
이것저것 못 하는 게 없기 때문입니다. 그러나 언제나 그것들은 2%가 부족한 것들입니다. 그래서 그것은 저 만의 만족이 될지언정 결코 쓰임 받는 곳엔 내놓지 못한다는 것입니다. 다시 말씀드리면 쓰임 받지 못한다는 것입니다.
그렇습니다. 여러 가지 붙들고 있는 그것을 놓고 한 가지만이라도 제대로 붙들고 지금껏 올인했다면 스티브 잡스처럼 뭔가 획기적인 것 하나쯤은 만들었을 거라는 겁니다. 한 우물을 파는 아내와 참 다릅니다. 그러니 아내는 그 분야 능력자가 된 것입니다. 당연히 부럽지요. 최근에는 앱을 스무 개나 만들어 등록도 했습니다만 신통치 않습니다. 이것저것 하니 그렇게 되는 겁니다.
사랑하는 여러분,
잡스의 삶의 모토는 '심플하라! 미치도록 심플하라!' 였습니다.
참으로 복음적인 메시지가 아닐 수 없습니다. 그러니 그와 같은 고백을 붙들고 살아 가십시다. 그래야 하나님께 쓰임도 받고 이 땅에 살고 떠날 때 후회 없는 삶이 되기 때문이지요.
하나님께서 허락하신 삶, 기왕 살다 가는 것 후회하며 갈 이유가 무엇이겠습니까! 인류에게 아니, 우리 지역 사회만이라도 우리로 인해 풍성함을 누릴 수 있도록 하고 가야 하지 않을까요? 그러려면 지금 곧바로 시작해야 할 것입니다. 자를 건 자르고 취할 건 취해서 능력을 나타내는 삶을 살아야 한다는 것이지요.

조지 버나드 쇼의 묘비명처럼 "우물쭈물하다 내 이럴 줄 알았다"라는 이와 같은 묘비명을 또 세워서는 절대 안 될 것입니다.

스티브 잡스의 말이 맞습니다.

'심플 하라! 미치도록 심플하라!' 그래야 쓰임 받습니다. 거기서 능력이 나오는 것입니다.

> "주께서 대답하여 이르시되 마르다야 마르다야 네가 많은 일로 염려하고 근심하나 몇 가지만 하든지 혹은 한 가지만이라도 족하니라 마리아는 이 좋은 편을 택하였으니 빼앗기지 아니하리라 하시니라"_(눅 10:41,42)

> "성공한 사람과 그렇지 않은 사람의 차이는, 놀라운 능력이 아니라, 오직 집중하는 능력이다."_(잭 캔필드)
> (The difference between those who succeed and those who don't isn't talent, but the power of focus. _Jack Canfield)

제 3 장

멈춤이 없는 만상(萬象)들

온 세상의 하모니

해가 동쪽에서 문을 열면
바람이 살며시
하나님의 이름을 읊조립니다.

들판의 꽃은 고개를 들어
빛을 찬송하고,
산조(山鳥)는 첫 소리로
주님의 자비(慈悲)를 노래하지요.

별들은 밤마다 순서를 지켜
묵묵히 빛을 밝혀 드리며,
강수(江水)는 낮은 곳으로 흐르며
겸손의 노래를 배웁니다.

일사(一絲)의 오차(誤差)도 없이
계절(季節)은 때를 따라 순종(順從)하고,
구름은 그 분의 숨결을 따라
하늘의 악보 위를 유영(悠泳)합니다.
만상(萬象)은 오늘도

조물주(造物主)를 향한 거룩한 하모니를 이룹니다.
누가 지휘(指揮)하지 않아도
모두가 그 분을 중심으로 서 있습니다.
그 가운데 나,
이 작은 인간 하나도
숨 쉬는 이 순간,
마음으로 예배(禮拜)하고 있음을 고백합니다.

주님,
나도 저 만물의 찬송 중 하나가 되어
당신을 노래하게 하소서.
소리 없이 피고 지는 들꽃처럼,
작아도 아름다운 당신의 노래가 되게 하소서.

🌿 가뭄으로 산천초목이 목이 마를 때

가뭄으로 산천초목이 목이 마를 때
비가 옵니다.
그럴 때 어떤 생각을 하시는지요?
하늘에서 볼 때 우리가 좋아서 비를 허락한 것일까요?
아니면 나무와 동물을 위해 허락하신 것일까요?
제 생각에 한 가지 분명한 건 식물과 동물 때문이라는 생각을 지울 수가 없다는 것입니다.
왜 이런 생각이 들까요?
그렇습니다. 아무리 생각해도 저를 위해, 사람들을 위해 내린다고는 부끄러워 생각할 수 없기 때문이지요.

인간을 빼고 죄다 하나님께 순종하잖아요. 그것들은 창조주께서 지으신 대로 순응하잖아요. 오직 인간만이 불순종합니다.

> "그들이 순종하지 아니하며 귀를 기울이지도 아니하고 자신들의 악한 마음의 꾀와 완악한 대로 행하여 그 등을 내게로 돌리고 그 얼굴을 향하지 아니하였으며"_(렘 7:24)

> "바람과 나무와 강은 모두 침묵 속에서 창조자의 위대함을 노래한다."_(헨리 데이비드 소로)
> (The wind, the trees, and the rivers all sing the greatness of the Creator

in silence. _Henry David Thoreau)

🌿 푸른 하늘을 올려다보면 기분이 참 좋아집니다

푸른 하늘을 올려다보면 기분이 참 좋아집니다.
왜냐하면,
하늘은 병에 걸리지 않기 때문입니다.
하지만 우리에겐 온갖 병이 있습니다.
그 이유를 가만 생각해보니 그럴 수밖에 없다는 생각이 듭니다.
하늘의 구름은 무거우면 울지만 우리는 아무리 무거워도 울기는 커녕 되레 웃고 살기 때문입니다.
그래서 하늘은 병이 없고 우리에겐 온갖 병이 있나 봅니다.
그래서 하늘을 보면 기분이 좋아지는 것이겠지요.
그러고 보면 하늘은 병든 우리를 향한 하나님의 치료의 손길인가 봅니다.

"하늘에 계시는 주여 내가 눈을 들어 주께 향하나이다"_(시 123:1)

"하늘은 눈에게 주어지는 일상의 양식이다."_(랄프 월도 에머슨)
(The sky is the daily bread of the eyes. _Ralph Waldo Emerson)

🌿 아무리 좋은 자동차도

아무리 좋은 자동차도
기름이 없으면 달리지 못합니다.
아무리 좋은 자동차라도 타이어가 펑크 나면 달리지 못합니다.
기름을 넣고 수리를 해서 달려야 합니다.
지극히 단순한 이야기지만 그것은 진리와 같습니다.
그러니, 급하다고 편법을 사용하면 되레 더 늦어지게 됩니다.
아무리 좋은 가족이라도 점점 가족의 사랑이 말라가면 행복하지 못합니다.
지금까지 잘했는데 어찌 되겠지 하면 큰일 납니다.
당장에 사랑을 채워야 합니다.
당장에 점검하고 돌아보고 손 봐야 행복해질 수 있습니다.
가족은 그런 면에서 자동차와 같은 원리라고 하겠습니다.
고치기 전에는 나아갈 수 없습니다.
고치기 전에 나가면 반드시 사고가 납니다.

"누구든지 자기 친족 특히 자기 가족을 돌보지 아니하면 믿음을 배반한 자요 불신자보다 더 악한 자니라"_(딤전 5:8)

"가족이란, 당신을 있는 그대로 사랑해주는 사람들의 모임이다."_(작자 미상)

(Family is a group of people who love you just the way you are. _Unknown)

🌿 식탁 한쪽에 갖가지 즙들이 놓여 있습니다

식탁 한쪽에 갖가지 즙들이 놓여 있습니다.
양파, 마늘, 배, 도라지 등등…
즙은 어떻게 만들어집니까?
그렇습니다.
우리가 흔히 말하는 엑기스를 추출하는 것인데 원재료를 오랜 시간 다려 마지막까지 남는 것을 취하는 것입니다.
그런데 우리가 즙으로 먹는 이유는 원재료보다 더 효능이 있기 때문입니다.

누군가
나를 필요로 한다면 즙과 같은 양질의 것으로 드릴 수 있어야 하겠습니다.
마지막까지 짜낸 엑기스 말입니다.
그렇게 한다면 나를 받은 그는 춤은 추지 않을지언정 적어도 감동은 할 것입니다.
주님께서 최상의 것 주신 것처럼, 우리 역시 그렇게 최상의 것으로 나누는 삶이 되어야 하겠습니다. 감동 주는 삶 말입니다.

"사람이 친구를 위하여 자기 목숨을 버리면 이보다 더 큰 사랑이 없나니"_(요 15:13)

"많은 사람들과 함께 웃는 것은 쉽지만, 함께 울어줄 사람은 진짜 친구다."_(아리스토텔레스)
(It is easy to laugh with many people, but a true friend is one who cries with you. _Aristotle)

석탄과 다이아몬드는 원자번호 6, 원소기호 C인 탄소로 출발한다지요

석탄과 다이아몬드는 원자번호 6, 원소기호 C인 탄소로 출발한다지요.

그런데 왜 같은 탄소로 출발해 석탄과 다이아몬드로 갈라질까요? 그것은 열과 압력 때문이랍니다. 영롱한 보석이 되기 위해선 열과 압력을 견뎌야 하는 것처럼 우리의 모습도 아름다운 모습이 되기 위해선 열과 압력과 같은 고난을 잘 견뎌야 하겠습니다.

화르르 타 사라지는 석탄과 같은 인생이 아니라 영롱히 남는 보석과 같은 인생이 된다면 얼마나 좋을까요. 그래서 성경은 이렇게 기록하고 있습니다.

"그러나 내가 가는 길을 그가 아시나니 그가 나를 단련하신 후에

는 내가 순금 같이 되어 나오리라"_(욥23:10)

"다이아몬드처럼, 당신의 삶도 압박과 역경 속에서 가장 빛난다."_(작자 미상)
(Like a diamond, your life shines brightest under pressure and adversity. _Unknown)

🌿 드라이플라워

서재 책상 한쪽으로 프라이플라워가 깡마른 모습으로 건조하게 놓여 있습니다. 아내가 생일 선물로 사다 준 장미와 안개가 어우러진 다발인데 그냥 그렇게 내내 두고 있었더니 깡말라 버렸습니다.

한때는 윤기가 좔좔 흐르는 꽃다발이었는데 저렇듯 건조하게 생기가 없는 모습을 하고 있습니다. 뿌리에 물이 공급되지 않으니 그럴 수밖에 없는 것이겠지요. 물론 요즘은 일부러 드라이플라워를 만든다고 합니다만 그러나 꽃은 꽃다워야 하지 않을까요? 은은한 향기가 나는, 그래서 때론 야릇한 느낌마저 들게 하는 그런 꽃은 살아있을 때가 가장 아름답습니다. 그러려면 계속 수분을 공급해 줘야 하겠지요. 그러지 못하면 지금의 깡마른 모습이 되겠지요.

그렇습니다. 사람도 마찬가지겠지요. 끊임없이 영양이 공급되어야 건강한 사람이 되겠지요. 육적으로나 영적으로나 말입니다. 공급이 끊어진다면 건조해져 무너질 뿐입니다. 그런 사람들을 종종 봅니다. 옆에 가면 왠지 먼지가 풀풀 나는 듯한 사람 말입니다. 그런 사람과는 어떤 대화도 불가능합니다. 옆에 있기도 가기도 힘겹습니다. 왜냐하면 숨이 막히고 답답하기 때문입니다. 깡말라 말을 할 때마다 먼지가 마구마구 날리기 때문이지요.

드라이플라워는 그래도 그 자리에서 비록 향기는 없지만 겸손히 있기나 하지만 사람은 깡마를수록 더욱더 돌아다니면서 먼지를 날립니다. 참으로 가까이하기가 두렵기까지 합니다.

여러분은 어떠신지요? 시편의 말씀처럼 시냇가에 심어진 나무처럼 잎사귀가 풍성하고 때가 되면 아름다운 열매가 주렁주렁 달리는 그런 사람인지요? 그야말로 많은 사람들에게 아니 적어도 내 주위만이라도 풍요로움을 나눌 수 있는 사람이 되어야 하겠습니다.

깡마른 장미가 한없이 쪼그라든 모습입니다. 물이, 영양이 끊어지면 안 됩니다. 꽃은 윤이 날 때 아름답습니다. 사람도 마찬가지입니다. 시편 1편의 말씀은 그것을 말씀해 주시는 것이겠지요. 사시사철 풍요로운 사람 말입니다.

"그는 시냇가에 심은 나무가 철을 따라 열매를 맺으며 그 잎사귀가 마르지 아니함 같으니 그가 하는 모든 일이 다 형통하리로다" _ (시 1:3)

"드라이플라워는 정지와 침묵 속에도 우아함과 이야기가 있음을 가르쳐준다."_(작자 미상)

(Dried flowers teach us that even in stillness and silence, there is grace and story. _Unknown)

한 그루 나무

시냇가(溪邊)에 심긴 한 그루 나무,
고요히 그러나 끊임없이 생장(生長)한다.

풍(風)이 불어도,
열일(烈日)이 내리쬐어도,
그 근(根)은 물가에 닿아 있다.

세월(歲月)은 흐르고
세간(世間)은 요동치지만,
그 나무는 절기(節氣)를 따라 실과(實果)를 맺는다.

엽(葉)은 고(枯)하지 않고
그 청취(靑翠)는 더욱 짙어진다.
그는 말하지 않아도 안다.
깊이 내리뻗은 근(根)이
하늘을 향한 신앙(信仰)임을.
형통(亨通)함이란 현소(喧囂)가 아닌
동요(動搖) 속의 평안(平安)임을.
금일(今日)도 그는 그 자리에 서서,

작은 실과(實果) 하나로
주(主)의 눈길을 받는다.

🌿 오랜만에 비가 촉촉이 내렸습니다

오랜만에 비가 촉촉이 내렸습니다.

온천천에 나가 보았습니다. 만물이 소성하고 있는 모습입니다. 입춘이 엊그제 지났어도 아직 춥지만 잔디밭이 파릇파릇 생기가 돕니다. 가슴이 벅차올랐습니다. 생기가 '뿜뿜' 뿜어져 나왔습니다. 기지개를 켜며 올려다본 하늘은 눈이 시리도록 파란색을 하고 여기 생명의 축제에 함께 하고 있었습니다. 잔디, 이름 모를 잡초, 물 밖으로 뛰어오르는, 금방이라도 환호성을 터뜨릴 생명의 움을 품은 나뭇가지 모두는 감사의 찬송을 합니다.

"와!" 좋다. 그러고 보면 하나님께서 비를 내리신 것은 감사와 무관하게 사는 사람을 위해 내리신 것이 아니라 정말이지 하나님 법에 순응하는 저들을 위한 것이지 싶습니다. 그러고 보면 우리 사람은 자연 때문에 덤으로 사는 자들이라 하겠습니다.

"하늘이 하나님의 영광을 선포하고, 궁창이 그의 손으로 하신 일을 나타내는도다."_(시19:1)

"풀 한 포기, 바람 한 줄기, 별빛 하나도 제각기 노래하고 있다. 듣는 귀만 있다면."_(류시화)
(Every blade of grass, every breath of wind, every starlight sings its own song — if only we have ears to hear. _Ryu Shi-hwa)

🌿 4월이 되면 벚꽃이 만개합니다

온 세상천지가 새하얗습니다. 우울한 마음이 싹 가십니다. 새해에 잠깐 뛰었던 심장이 다시 두근거리기도 합니다. 어디론가 훌훌 떠나고 싶은 마음 간절합니다. 그런 탓에 어디가 좋을까? 라며 잠들기 전 아내와 인터넷으로 벚꽃 구경이 좋다는 곳은 죄다 검색해 보고 후기도 빠뜨림 없이 꼼꼼히 챙겨 보기도 합니다. 물론 자고 나면 일상으로 돌아와 바쁜 일과를 보내지만 여하튼 잘 모르겠습니다. 그냥 그렇습니다. 여기도 하얀색, 거기도 하얀색 심지어 아스팔트 위에도 수북이 쌓여 있습니다. 미화원 아저씨가 떨어진 꽃잎을 쓸 때면 꼭 눈을 치우는 듯합니다.

집 주위에 벚꽃 군락지가 있습니다. 물론 아파트를 지을 때 인위적으로 가져다 심은 것이긴 해도 아파트 단지에 이만한 벚꽃단지는 없을 듯합니다. 온천천을 인근에 두고 있어 온천천을 찾은 사람들이 와! 득템 했다며 아파트 단지로 몰려들기도 합니다. 몰려든 인파는 앞다투어 카메라 셔터를 연신 누르기 바쁩니다. 여기도 찰칵 저기도 찰칵 가족끼리 한 컷 연인끼리 한 컷. 참으로 행복하고 모두가 다 예뻐 보입니다. 그 탓에 경비원 아저씨들이 여간 바쁘지 않지만 말입니다. 이런 광경은 꼭 이맘때면 일어나는 일입니다.

생각해 봅니다. 이런 광경은 벚꽃 때문에 벌어지는 일입니다. 벚꽃이 아니었다면 이런 광경은 상상할 수 없을 것입니다. 아름다우니 몰려드는 것입니다. 편안하니 몰려드는 것입니다. 평온하니 기대려고 하는 것입니다. 마냥 좋으니 그렇게 하는 것입니다.

  우리는 어떨까요? 우린 편안하고 평온한 아름다움의 향기를 발하고 있는지? 지친 일상으로 기대어 쉬고 싶은 영혼들에게 과연 그런 여유를 제공하는 삶을 사는지? 우리의 여력으로 그렇지 못한다면 그들을 영원한 평화의 하나님께로 인도는 하는가요? 우리도 느끼는 일이지만 세상 사람들은 일상의 지침으로 쉴만한 물가를 찾고 있습니다. 그래서 주님께서 목마른 자들을 불렀던 것이지요. 저희에겐 가서 불러오라고 하셨고요. 그렇습니다. 목마른 그들을 영원한 생명수, 영원한 쉴만한 물가인 예수님께로 인도하는 삶을 살아야 하지 않을까요? 벚꽃이 주는 아름답고 예쁜 도전입니다.

    "땅이 풀과 각기 종류대로 씨 맺는 채소와 각기 종류대로 씨 가진 열매 맺는 나무를 내니 하나님이 보시기에 좋았더라" _(창 1:12)

    "꽃은 말이 없지만, 그 존재만으로 마음을 위로한다." _(작자 미상)
(Flowers say nothing, yet their presence alone brings comfort to the heart. _Unknown)

🌿 보름달이 휘영청 밝았습니다

하루 종일
비가 내린 탓에 올해 대보름달은 보지 못할 것 같았는데 천지를 환하게 밝혔습니다.

전국 곳곳에서 대보름의 행사가 있을 테지요.

비가 와서 그런지 더 맑고 밝게 보이는 둥근달은 따듯한 하나님의 마음을 닮은 듯합니다.

그렇습니다. 아무리 시꺼먼 먹구름이 달을 가리고 있다고 해도 달은 여전히 먹구름 뒤에서 밝게 빛을 내고 있습니다. 그처럼 우리가 고난 가운데 있다 하더라도, 견디기 어렵고 끝이 없을 거 같은 환난이 우릴 집어삼킬 듯해도, 그래서 하나님이 안 계실 듯해도 하나님은 여전히 그 자리에 계시며 우릴 붙들어 주십니다. 그러니 구름은 물러갈 것이니 두려워하지 마시기 바랍니다.

그렇습니다. 아무리 봐도 둥근 대보름달은 하나님의 따듯한 마음을 닮은 듯합니다. 맑고 밝은 둥근달을 자꾸만 쳐다보고 있습니다.

"달(月)은 아무 말이 없지만, 마음을 비추는 거울이 된다."_(동양 격언)

(The moon says nothing, yet becomes a mirror that reflects the heart. _ Eastern Proverb)

달이 주는 묵상

밤하늘에 떠 있는
조용한 달(月)이여
어린 시절엔
소망(所望)의 눈으로 바라보았고
청춘엔
그리움(懷念)의 마음으로 올려다보았네
이제는 주름진 눈동자로
묵상(默想)처럼 바라본다
나의 삶과 신앙(信仰)의 흔적들이
그 빛 안에 고요히 새겨져 있도다
세상은 (훤소)喧囂하되
달은 정적(靜寂)으로 답하니
나도 그리하리라
말보다 침묵(沈默)으로
다툼보다 기도(祈禱)로

주여,
이 조용한 달빛 아래
내 나이만큼이나 무거운 하루를

맡기오니

오늘도 은혜(恩惠)로 감싸주소서

달(月)은 빛을 내지 않으나

태양의 빛을 받아

어둠을 밝히듯

나도 주의 빛을 받아

이 땅의 밤을 비추게 하소서

아멘.

🌿 무연히 하늘을 올려다봅니다

무연히 하늘을 올려다봅니다.

참 맑고 푸른 하늘입니다. 어디에도 그렇게 힘들게 했던 미세먼지의 흔적은 온데간데없고 쾌청하기만 합니다.

머리가 환하게 맑아지는 듯합니다. 한 점 무취의 포근한 바람은 한없이 평온한 무념으로 저를 이끄는 듯합니다. 폐부 깊숙이 다디단 호흡에 머리가 '띵' 합니다. 속의 더러운 딱지가 떨어져 나가는가 봅니다. 살아 있음이 느껴집니다. 감사가 나옵니다. 사랑하는 사람들이 뭉게구름을 타고 두둥실 떠다니는 듯합니다. 한없이 평화롭습니다. 모두가 사랑입니다.

그런데 순간 어떤 끄는 힘 탓에 머리를 움직일 수가 없습니다. 그냥 이렇게 하늘만 올려다보고 멈춰 있을까 합니다. 두둥실 구름이 춤을 춥니다. 주님께서도 저런 구름을 타고 오시겠지요.

> "볼지어다 그가 구름을 타고 오시리라 각 사람의 눈이 그를 보겠고 그를 찌른 자들도 볼 것이요 땅에 있는 모든 족속이 그로 말미암아 애곡하리니 그러하리라 아멘"_(계 1:7)

> "오직 마음으로만 하늘에 닿을 수 있다."_(루미)
> (Only from the heart can you touch the sky. _Rumi)

🌿 서쪽 하늘이 물들었습니다

서재에서 거실로 나왔습니다. 거기엔 어느덧 붉게 물든 서쪽 하늘이 드리워져 있습니다. 밖을 올려다보았습니다. 서쪽 하늘이 핏빛으로 물들었습니다. 핏빛이지만 섬뜩하거나 혐오스럽지 않습니다. 오히려 황홀합니다. 어떻게 저런 색감이 나올 수 있을까 싶습니다. 저도 수채화를 그립니다만 어찌 저렇게 형언할 수 없는 색이 만들어질 수 있는지 생각하면 할수록 감탄밖에 나오지 않습니다.

듣기로는 노을은 먼지로 인한 빛의 굴절 때문이라고 한다지요. 참으로 신기합니다. 어찌 먼지로 말미암아 저토록 아름다운 색이 만들어질까 싶습니다. 신기할 따름입니다. 그러고 보면 하찮은 인생이라 하더라도 나름대로 열심히 살았다면 해석에 따라, 보는 이의 시각에 따라 진귀한 삶으로 달리 보일 수도 있겠다는 생각이 듭니다. 그렇습니다. 어쩌면 하찮은 삶이란 처음부터 없는 것은 아닐까 싶습니다. 열심, 충성으로 먼지가 된 삶이라면 더더욱 말입니다.

"먼지(塵)는 작고 보잘것없지만, 빛을 받을 때 그 존재가 드러난다."_(작자 미상)
(Though dust is tiny and often overlooked, it shines when touched by light. _Unknown)

"석양은 끝도 아름다울 수 있음을 증명한다."_(보우 탭린)

(The sunset proves that endings can be beautiful too. _Boe Taplin)

꽃다발

보름 전, 생일이라 꽃다발을 받았습니다.

장미와 안개가 어우러진 꽃다발이었습니다. 나이가 든 생일이라 그런지 나이만큼 풍성한 꽃다발이었습니다. 그런데 지금은 서재 한 켠에서 저렇게 깡말라 가고 있습니다. 버리기 아까워서 저 한쪽으로 밀쳐둔 꽃다발이 드라이플라워가 되어 가고 있습니다.

가만 들여다봅니다. 예전에 무심코 버렸던 꽃다발들이 오늘따라 많은 생각을 하게 합니다. 처음 꽃집으로 가기 위해 농장에서 가지와 줄기를 잘라도 꽃은 아무 말 하지 않았을 것입니다. 물론 꽃집에서 꽃다발을 만들기 위해 또 자르고 묶어도 꽃은 아무 말 하지 않았을 테지요. 그렇습니다. 꽃은 지금 저렇게 버려지다시피 한켠으로 내몰린 상황에서 깡말라 감에도 아무 말이 없습니다.

그리고 보면 꽃은 아름답고 예쁘지만 성격까지도 아름답고 예쁩니다. 우리도 저렇게 살아가면 어떨까요? 아름다움을 주고 감동을 주고 그리고 아무 말 없이 사라져 가는 그런 삶 말입니다. 이름도 빛도 없이 말입니다. 아마도 하나님은 우리에게 저런 꽃을 주신 것은 성경을 잘 읽지 않으니 꽃을 통해서라도 메시지를 주시고자 하신 듯합니다. 헌신, 사랑, 희생… 분명 하나님의 메시지입니다.

"인자가 온 것은 섬김을 받으려 함이 아니라 도리어 섬기려 하고 자기 목숨을 많은 사람의 대속물로 주려 함이니라"_(마 20:28)

"붙잡은 행복은 씨앗이고, 나눈 행복은 꽃이다."_(존 해리건)
(Happiness held is the seed; happiness shared is the flower. _John Harrigan)

🌿 교회 교육관에 자연의 소리를 틀어놓았습니다

　최근 들어 백색소음이 인기가 있지요. 어르신들은 생소한 이야기겠지만 요즘 학습자들이 매우 선호해서 자신에 맞는 소음을 찾아다닌다고 합니다. 특별히 도서관이 그 선두주자라고 하겠지요.

　그런데 대학교 도서관마다 조금 차이가 있나 봅니다. 이럴 테면 책 장 넘기는 소리, 사람 발자국 소리, 바람소리, 물소리, 빗소리, 파도소리, 귀뚜라미 소리 심지어 저주파의 기계음까지 다양하다고 합니다. 거기다 더해 신생아에게 맞는 백색소음도 있다고 합니다. '화이트 노이즈'라고 이름 불리는 백색소음이 그것입니다. 이렇듯 백색소음은 이미 우리 곁에 깊이 들어온 것 같습니다.

　그런데 다들 아시겠지만 백색소음이란 게 왜 필요하냐면 소음이지만 되레 집중력을 높이는 기능을 하기 때문이지요. 특히 카페와 같은 곳에 가면 카공족(=카페에서 공부)이 시끌시끌한 분위에서 공부하는 것을 봐도 이제 소음도 우리 정서에 한 자리를 차지한 듯합니다.

 사실 우리가 엄마 배 속에 있을 때 이미 밖의 소리를 10개월이나 듣고 있었으니 그리 놀랄 일은 아니라고 여겨집니다. 그러나 어떻게 생각하면 소음으로 집중력을 높인다는 것이 어째 좀 이상하기도 하고 썩 내키지 않은 그런 일인 것 같습니다. 물론 저의 생각이지만 말입니다.

 사실 따지고 보면 저의 생각이 편견일 수도 있겠지요. 석가모니가 보리수나무 아래서 마음의 잡념을 없이하려 할 때 주위에 아무 소리가 들리지 않았을까요? 예수님이 한적한 곳에서 기도하셨을 때도 아무 소리가 들리지 않았을까요? 그렇지 않았을 것입니다.

 그러고 보면 소음은 있어도 되고 없어도 되는 그런 게 아닐까 합니다. 있으면 더 집중이 잘되는 사람, 없으면 더 집중이 잘되는 사람이 있으니까 말입니다. 물론 작은 소음 말입니다. 인제는 소음도 취사선택하는 시대가 되었나 봅니다. 상상할 수 없는 일이 일어난 것이지요.

"우리는 결코 완전한 침묵 속에 있지 않다. 가장 조용한 순간에도 세상은 소리로 가득하다."_(존 케이지)
(We are never in complete silence. Even in the quietest moments, the world is filled with sound. _John Cage)

🌿 파도 가까이 있을 때

가끔 해변을 걷습니다. 가끔이라고 썼지만 주말엔 자주 바닷가에 가서 아내랑 그렇게 시간을 보냅니다. 그러면 꼬였던 일상의 마음이 풀리기도 하고 정리되지 않은 일들이 정리가 되곤 합니다. 아마도 그 탓에 자주 가는가 봅니다. 사실 저는 고향이 어촌이라 바다와는 각별한 추억이 있는 곳이어서 바닷가에만 가면 왠지 마음이 편안해집니다. 익숙함이라고 할까요.

그런데 저는 바다가 잔잔한 것보다 적당한 파도가 있는 바다가 참 좋습니다. 갯내가 물씬물씬 풍기는 것도 그렇지만 뭔가 살아있는 듯한 것에 가슴이 뛰기 때문입니다. 끼룩거리는 갈매기와 쏴쏴하는 파도가 어우러진 소리는 정말이지 경이롭기까지 합니다.

청년시절 저는 파도가 부서지는 부둣가에 앉아 간간이 오가는 고깃배들을 바라보며 시도 쓰고 노래도 부르고 하곤 했습니다.

인제는 고향을 떠나온지도 꽤 오래되었고 또 어촌의 환경도 얼마나 바뀌었는지 그때 그 날의 아름다운 추억은 아련할 뿐 각박한 시간 속에 살고 있습니다.

파도가 부서진 하얀 포말은 이젠 하늘의 뭉게구름처럼 머릿속을 그리움으로 간간이 떠돌 뿐입니다. 그래서인지 바닷가를 더 찾는지도 모르겠습니다.

한 번은 파도가 밀려와서 여차하면 신발이 젖을 듯한 간당간당한 모래사장을 걷다가 문득 뒤를 바라보았을 때 이런 깨달음이 주어졌습니다. 우리가 아무리 밟고 또 밟아도 파도만 밀려왔다 가면 그 어떤 발자국도 찾을 수 없다는 것을, 우리 곁에 파도만 있다면, 파도 곁에 우리가 언제까지나 머물 수 있다면…

그와 같은 원리로 우리가 아무리 많은 죄를 지었다 하더라도 하나님은 언제나 우리 곁에 계시니 우리가 떠나지 않고 하나님 곁에만 있다면, 하나님 곁에만 머문다면, 하나님 가까이에만 있다면 아무 문제가 없다는 사실 말입니다.

문제는 가까이였습니다. 쉬지 않고 밀려왔다가 되돌아가는 파도처럼 하나님은 우리를 씻기십니다. 우리의 죄가 진홍과 같이 붉을지라도 말입니다. 흰 양털과 흰 눈과 같이 깨끗이 씻어줄 우리 하나님은 어제도 그러셨고 오늘도 그러시고 내일도 그러실 것입니다. 우리가 하나님 가까이에 머문다면 말이지요. 참 감사한 일입니다. 얼마나 은혜로운 일인지 알 수 없습니다.

"여호와께서 말씀하시되 오라 우리가 서로 변론하자 너희의 죄가 주홍 같을지라도 눈과 같이 희어질 것이요 진홍 같이 붉을지라도 양털 같이 희게 되리라"_(사 1:18)

"바다는 고요할 때보다, 파도칠 때 더 많은 이야기를 들려준다."_(칼릴 지브란)
(The sea tells more stories when it is turbulent than when it is calm. _ Khalil Gibran)

파도(波濤)

누군가 남긴 발자국(跋足) 위에
조용히 다가와
아무 일도 없었다는 듯
덮고 감추는
그런 파도(波濤)를 나는 사랑한다.

말하지 못한 후회(後悔)들,
기억(記憶)이라는 이름의 가시(茨)덤불을
하늘을 바라보며 안아주는
흩어지고 다시 모이는
그 부서짐 속에 깃든
은혜(恩惠)를 나는 본다.

모래(沙)알 사이로 스며드는
그 부드러운 품처럼,
파도(波濤)는 아무도 모르게
상처(傷處)의 소금을 씻고
눈물의 흔적(淚痕)을 덮는다.
인간(人間)은 자주 지우고 싶어 한다.

과오(過誤)를, 죄(罪)를, 상처(傷處)를.
하지만 인간(人間)의 손은
너무 작고 미약(微弱)하여
남김없이 덮을 수 없다.

그러나 파도(波濤)는
자신(自身)을 부숴가며,
하나님(神)의 뜻처럼,
다시 또다시 다가와
만물(萬物)을 감싸 안는다.

나는 이제 안다.
진정(眞正)한 치유(治癒)는
지우는 것이 아니라
품는 것임을.

내 인생(人生)도 그랬다.
파쇄(破碎)되고 흩어지고,
그러다 어느 날 문득
누군가의 파도(波濤)가 되어
누군가의 아픔(痛) 위에
조용히 스며들 수 있다면—

그것이 은혜(恩惠)다.
그러니 主여,
내 안의 불완전(不完全)함도
기꺼이 부숴 주소서.
흩어지는 그 순간(瞬間)에도
主의 뜻을 담게 하소서.

🌿 강물은 힘이 있어도

강물은 힘이 있어도 절대 무리하지 않습니다.
누군가 앞을 가로막으면 그냥 돌아서 흐를 뿐입니다.
하지만 사람은 그렇지 않습니다. 부서지더라도 곧장 가고자 합니다.
누가 힘이 있는 모습일까요?
강물은 결국 바다로 흘러 큰 대해를 이루지만
사람은 찢기고 상처 난 모습으로 무너진 모습뿐입니다.

> "강물은 멈추지 않는다. 고요해 보여도 그 속에는 끊임없는 생명이 흐르고 있다."_(라빈드라나트 타고르)
> (Though the river seems still, within it flows an unending current of life. _Rabindranath Tagore)

🌿 선풍기 날개는 중심을 잡고 돌아야 바람이 나옵니다

여름 내내 시원한 바람을 선사하는 소중한 선풍기가 고맙습니다. 벽에 걸린 선풍기는 여름 내내 꼼짝하지 않고 그 자리에서 제 소임을 다하고 있습니다. 선풍기의 핵심은 날개일 것입니다. 날개는 중심에 고정되어 있습니다. 그리고 중심으로 해서 빠른 회전을 합니다. 그래서 바람을 쏟아내지요.

제자리에서의 소임! 바로 그것입니다. 질서라는 게 있는데 기독교에서는 이러한 질서가 매우 중요하게 다뤄지고 있습니다.

"질서대로 하라!" _(고전14:40)

왜냐하면 하나님은 한 사람에게 많은 능력을 주시지 않고 특별한 것을 각자에게 주어 그것으로 서로 연합해 활용하라고 하신 것입니다. 그래서 공동체가 있는 것이며 교회가 있는 것이며 가정이 있는 것입니다.

그런 능력을 지닌 각자가 그 기능을 제대로 발휘하면 엄청난 시너지를 만들어 냅니다. 그러니 사분오열한다면, 내 것이 우월하고 네 것이 열등하다는 주장으로 주심에 관한 깨달음 없으면 아무것도 아닌 것이 되어 버립니다. 오히려 분란만 일으킬 뿐이지요. 그래서 바울 사도는 로마서나 고린도전서와 같은 데서 그러한 기능들에 관한 이야기를 심도 있게 짚었던 것입니다. 왜냐하면 각자의 그 기능이 함께 제대로 어우러져야 명품이 나오고 교회라는 공동체가 아름답게 세워져 나갈 수 있기 때문입니다.

그렇습니다. 자기 것은 자기만의 것이 아님을 알 수 있습니다. 함께 어우러져야 할 것임을 말씀하고 있는 것입니다. 혼자서는 안 된다는 말씀이지요. 그러나 우리는 혼자, 각자의 삶을 살려고 합니다. 거기에 삶의 의미를 전부 쏟아부으려고 합니다. 잘못되어도 너무 잘못된 생각이 아닐 수 없습니다. 왜냐하면 함께하려니 불편하다는 것입니다. 말씀드렸지만 그렇게 하면 자신도 남도 함께 무너지게 한다는 사실을 잊어서는 안 될 것입니다. 그래서 그만큼 각자의 소임이 중요하다는 것입니다. 그 소임이 어떤 것이든 말입니다.

우리 하나님 보세요. 3위의 하나님이시지만 어떤 땐 하나로, 또 어떤 땐 분명한 3위의 모습으로 존재함을 우리에게 보여주십니다. 그렇습니다. 각자의 기능 그리고 연합의 기능 원리를 정확하게 보여주시는 그런 모습이라 할 것입니다. 그러기에 선풍이 날개는 그 자리 그곳에만 고정되어 있어야 하는 것입니다. 그 고정됨이 바로 능력이라는 것입니다. 자기 자리 지킴의 능력 말입니다.

> "은사는 여러 가지나 성령은 같고 직분은 여러 가지나 주는 같으며 또 사역은 여러 가지나 모든 것을 모든 사람 가운데서 이루시는 하나님은 같으니"_(고전 12:4~6)

🌿 하늘을 나는 연을 보면 많은 생각이 듭니다

때론 저렇게 무작정 훨훨 날아가고 싶다는 생각과 땅에서 들리는 요란한 소음을 떠나 저렇게 높이 높이 올라가고 싶다는 생각 말입니다. 그런데 연을 보며 한 가지 알게 된 원리가 있습니다. 저렇게 높이 높이 날아오르려면 연은 연줄에 반드시 매달려 있어야 한다는 것입니다. 연은 더 높이 날기 위해 연줄에서 떨어지면 안 되는 것이지요.

그러나 연이 어느 날 더 높이 날기 위해 연줄에서 떨어지기를 원한다면 어떻게 되겠습니까? 그것은 보나 마나 뻔한 일일 것입니다. 그 순간 곤두박질하고 말 것입니다. 우리의 삶도 그런 게 아닐까 합니다. 사람은 더 높게 오르려 합니다. 더 많이 가지려 합니다. 더 알려지기를 원합니다.

하지만 더 높이 더 멀리 더 많이 누리기 위할 뿐이지 그렇게 되기 위해 기본을 지키는 데는 관심이 별로 없습니다. 자신에게 지금 주어진 것에 감사하고 그 일에 최선을 다하는 그런 마음가짐은 반드시 필요할진대 사람들은 올라가려고만 할 뿐입니다. 감사에 묶이기는 고사하고 더 달라고만 한다는 것이죠. 지금 어디에 집중해야 하는가에는 관심이 없다는 겁니다.

높아지고자 하는 자는 낮아지며 낮아지고자 하는 자는 높아짐의 원리를 말씀하신 예수님의 말씀엔 사람들은 관심이 없습니다. 참으로 그것 놓치면 큰일일진대 말입니다. 사실 연이 주는 도전은 이해하기 아주 쉬운데 그렇게 하라면 사람들은 다 떠나가고 맙니다. 그리고 연이 주는 또 하나의 깨달음은 언제나 원점, 시작점, 출발점을 주시하고 있다는 것입니다. 즉, 사신의 주인을 언제나 마주하고 있다는 것입니다.

그렇습니다. 연이 주는 은혜는 다름 아닌 하나님께 묶이는 삶과 그러한 묶임으로 언제나 하나님 바라보는 삶을 살아야 한다는 것입니다. 그래야 하나님이 무한하시니 우리 역시 무한대로 커질 수 있는 것이지요. 할렐루야입니다.

"나는 포도나무요 너희는 가지라 그가 내 안에, 내가 그 안에 거하면 사람이 열매를 많이 맺나니 나를 떠나서는 너희가 아무 것도 할 수 없음이라"_(요 15:5)

"연은 하늘을 향해 날아오르지만, 그 줄은 땅을 붙잡고 있어야 한다."_(헬렌 켈러)
(A kite rises high into the sky, but it must be anchored to the ground by its string. _Helen Keller)

눈이 모처럼 펑펑 내립니다

눈이 모처럼 펑펑 내립니다. 눈이 부신 하얀 눈이 말입니다. 하나님은 저렇게 깨끗하고 맑은 눈을 어디다 감춰 두었나 봅니다. 쉴새 없이 내리는 눈, 무엇을 저리도 덮으려 하시려는지… 그렇겠지요. 하늘에서 땅을 바라다보시면 얼마나 덮을 게 많으시겠습니까! 그렇습니다. 눈은 하나님의 눈물이며 용서이며 하나님의 하얀 분노라 하겠습니다.

"오직 하나님은 긍휼하시므로 죄악을 덮어 주시어 멸망시키지 아

니하시고 그의 진노를 여러 번 돌이키시며 그의 모든 분을 다 쏟아 내지 아니하셨으니"_(시 78:38)

"눈이 내리면 세상은 하얀 종이가 된다. 모든 흔적은 지워지고, 다시 쓸 수 있다."_(빅터 위고)
(When snow falls, the world becomes a white page. All traces are erased, and we can write again. _Victor Hugo)

🌿 뿌리가 주는 은혜가 있습니다

시편 1편은 뿌리에 관해 정확하게 말씀하고 있습니다.
시냇가에 심은 나무의 찬양이 거기에 나옵니다.
시냇가에 심은 나무는 사시사철 푸르고 푸릅니다.
그러기에 나무는 다른 곳 아니라 시냇가에 심겨야 한다는 것입니다.
그런데 시냇가에 심긴 나무가 나무 지팡이면 어떻게 될까요?
지팡이는 나무이긴 한데 뿌리가 없습니다.
그래서 나무 지팡이는 천년만년 거기에 있어도 그냥 나무 지팡이일 뿐입니다.
무슨 말일까요?
그렇습니다. 나무에는 뿌리가 있어야 한다는 것이지요. 뿌리가 없으면 아무것도 아니라는 것입니다.
제아무리 철철 넘쳐나는 물가에 자리했을지라도 아무 소용없다는 것입니다.

되레 지팡이에 닿은 물 때문에 그 부분은 썩습니다. 결국 전부 썩고 무너질 뿐입니다.

그렇습니다. 하나님의 백성은 하나님을 찾아가는 뿌리가 반드시 있어야 합니다.

하나님의 생명 샘에 뿌리가 닿아야 한다는 것이지요. 은혜 샘에 뿌리가 놓여 있지 않으면 안 된다는 것이지요.

또한 나무는 햇볕으로 광합성을 하게 됩니다. 그래야 영양분으로 나무가 살 수 있기 때문이지요.

그렇습니다. 같은 원리입니다. 우리가 하나님의 생명 샘에 닿아 있다면, 영혼의 풍성함을 누리는 뿌리가 있다면, 마치 대낮 작렬하는 태양빛이 나무에 영양분을 만들게 하는 것처럼 힘겨운 고난과 환난은 되레 우리를 더 살게 하는, 더 풍성하게 하는 그런 은혜의 도구일 뿐입니다. 할렐루야!

잊지 마십시오. 뿌리가 있고 없고에 따라 고난과 환난이 은혜가 되기도, 저주가 되기도 한다는 사실을 붙들어야 합니다. 그래서 고난과 환난을 에너지원으로 환원해 복되고 풍성한 삶을 사시기 바랍니다.

"진리는 나뭇잎에 있는 것이 아니라 뿌리에 있다."_(톨스토이)
(Truth is not found in the leaves, but in the roots. _Leo Tolstoy)

뿌리(根)

뿌리는 말이 없다.
햇살 아래 피어난 꽃도 아니고,
바람에 나부끼는 잎도 아니다.
그저 보이지 않는 땅속에 숨어
자신을 감추고
남을 살리는 생명(生命)의 길을 낸다.

물이 지나가는 길,
양분이 오르는 길,
그 모든 은밀한 통로를
묵묵히 감당하는 존재.
뿌리는 대답 대신 침묵(沈默)으로
자신의 자리를 지킨다.

누군가는 위로만 향하고,
누군가는 열매만 바라보지만
나는 이제 안다.
모든 생명은 숨겨진 그 아래에서
기도(祈禱)하듯 견딘

뿌리로부터 시작된다는 것을.
신앙(信仰)도 그러하지 않은가.
눈에 보이지 않아도
깊이 내린 믿음이
삶을 붙들고
세월 속에 열매를 맺는다.

나는 이제
뿌리처럼 살고 싶다.
빛보다 어둠에 익숙하고,
드러남보다 감춤을 택하며,
자신은 사라져도
누군가가 살아갈 수 있다면
그것이 은혜(恩惠)요 감사다.

그러니 주여,
세상이 보지 않아도 괜찮습니다.
뿌리로 남게 하소서.
기꺼이 낮은 곳에 머물며,
생명이라는 기적을
조용히 지탱하게 하소서.

🌱 뿌리가 주는 은혜 두 번째 이야기입니다

교육관에 드라이플라워가 많습니다.

일부러 그렇게 만든 것과 선물 받은 것도 있지만 생화를 받아 그냥 둔 탓에 그렇게 된 것도 있습니다.

시간이 흐를수록 마르고 또 말라 보는 이로 하여금 결핍을 느끼게 합니다. 처음의 아름다움은 사라지고 건조함만이, 생명 없음만이 거기에 있을 뿐입니다.

교육관에는 본의 아니게 화분이 많게 되었습니다.

그중에 비어 있는 화분도 있습니다.

그래서 교육관 베란다에 있는 화분에 식목일은 아니지만 잎사귀가 풍성한 나무의 가지를 꺾어 심었습니다.

나란히 자리한 고무나무와 잘 어울렸습니다. 그런데 사흘이 지나니 심은 나무가 깡말라 버린 것입니다. 물론 식물에 관해 무지해서 그렇기는 하지만 여간 실망스러운 일이 아닐 수 없었습니다.

바싹 마른 잎사귀, 손으로 만지니 푸석푸석, 나란히 자리한 기름진 잎의 고무나무와 비교가 되어도 너무 비교가 되었습니다.

사랑하는 여러분!

드라이플라워와 깡말라 버린 나무의 공통점이 무엇일까요?

그렇습니다. 뿌리 없음입니다.

사실 나란히 자리한 고무나무는 처음 교육관으로 올 때 소망 없는 모습이었습니다. 하지만 겉으로 보기엔 깡마른 작대기를 꽂아놓은 듯했지만 지금은 풍성함으로 기름지고 싱싱합니다.
 그렇습니다. 뿌리가 있기 때문입니다. 겉으론 당장 잎사귀가 풍성해 보일지언정 뿌리가 없다면 그것은 죽은 것이나 다름없고 겉으론 당장 깡 말라버린 듯한 모습이지만 뿌리가 있다면 그것은 산 것이겠지요.
 뿌리가 있으니 여름의 뜨거운 뙤약볕에도 잎사귀는 기름지며 번들번들거립니다. 내리쬐는 햇볕을 마치 비웃기라도 하듯 말입니다. 되레 영양소로 환원해 누리더라는 것입니다.

 사랑하는 여러분!
 뿌리가 무엇입니까?
 그렇습니다. 살기 위해 물과 영양분을 찾아 나서는 움직임입니다. 어디까지라도 내려가고 뻗어가는 것입니다. 심지어 그 가느다란 실뿌리도 때론 바위를 뚫어내지요.
 왜 그럴까요? 그렇습니다. 살기 위해서입니다. 그래서 물가를 찾아 뻗어가는 뿌리라면 그 어떤 환경도 그 나무를 죽이지 못하는 것입니다.
 그렇습니다.
 여러분들과 저는 지금 살기 위해 어떤 찾아 나섬이 있습니까? 뻗어가고 퍼져나가는 그런 움직임 말입니다. 나무의 뿌리와 같은 그런 움직임이 있느냐는 것이지요.

영혼의 양식인 하나님의 말씀을 향한 뿌리내림, 영혼의 양식을 향한 갈급함으로 어떤 고난이라도 뚫을 수 있는 그런 역동적인 뿌리와 같은 모습이 있느냐는 말입니다.

그래서 내 영혼이 물댄 동산 같고, 내 영혼이 시냇가에 심은 나무처럼 사시사철 풍성한가? 라는 것입니다.

그렇지 않다면, 우린 죽은 자들일 것입니다. 겉은 풍성해 보이지만 곧 뙤약볕에 깡말라 죽을 그런 존재라는 것이지요. 찾아 나섬의 뿌리 없음에 무너지는 인생이라는 것입니다.

잊지 마십시오.

저 뿌리 있음의 능력을 보십시오. 고무나무는 이번 여름도 거뜬할 것입니다. 그리고 태양은 그 위에서 지리멸렬 무너지고 자괴감으로 하루하루 시들어 갈 것입니다. 반대로 고무나무는 여름 내내 기름져 갈 것입니다.

뿌리의 능력입니다. 할렐루야!

"나무가 하늘을 찌르려거든, 뿌리는 땅속 깊이 박혀야 한다."_
(아프리카 속담)

(If a tree wants to touch the sky, its roots must grow deep into the earth. _African Proverb)

🍃 문득 낙엽을 바라보면서

가을에 떨어지는 낙엽을 보면,
아스팔트 위를 을씨년스럽게 나뒹구는 낙엽들을 보면,
때론 짠하기도 하고, 쓸쓸하기도 하고, 그렇게 치열했던 여름날의 짙푸르던 청청한 기세는 어디 가고 저렇게 죽어서…

오래전에 빙산여제 이상화 씨가 은퇴를 선언했을 때 일입니다.
기자 회견에서의 첫마디는
"이제 누구와도 경쟁하지 않겠습니다."라는 말이었습니다.
그러면서 눈물을 흘렸습니다. 눈물의 의미가 무엇일까요?
그렇습니다. 그럼에도 불구하고 경쟁하고 싶지만 그렇게 하지 못함에 대한 깊은 회한일 것입니다. 운동선수로서의 생명이 끝남에 대한 못내 아쉬운 마음이겠지요. 더는 경쟁할 수 없다는 자괴감일 것입니다.
그것이 삶을 살게 했고, 그것이 삶을 있게 했고, 그것이 삶의 의미이기도 했는데 그것이 인제 끝나니 아니, 그것을 마지못해 내려놓으니 삶의 한 부분이 무너져 내리는 것에 대한 망연함이 아니겠습니까!
더는 할 수 없다는, 더는 얼음판 위에서 호흡할 수 없다는, 그런 그 호흡만이 지금까지 진정한 나의 호흡이었건만! 그 호흡을 할 수 없으니…

'나의 의지와 달리 무릎이 말을 듣지 않습니다'라고 했습니다.

무릎을 붙들고 몇 날 며칠을 얼마나 울었을까요? 지금의 자신을 있게 했던 무릎이 얼마나 고맙고 또 미웠을까요. 이상화 선수는 더는 도전할 수 없음에 무너졌던 것입니다. 붙들 것이 없어진 것이지요.

정말이지 사람이 살아가는 이유는 아니, 사람은 무엇으로 사는 걸까요?

진부한 질문인가요?

그럼에도 언제나 중요한 근본적인 질문이 아닐 수 없습니다. 왜냐하면 그것 놓치면 안 되기 때문이지요. 그것은 한 번뿐인 인생을 가치 있게 할 유일한 대안이기 때문입니다. 적어도 은퇴하면서 가슴을 치는 회한의 눈물만큼은 흘리지 말아야 하기 때문이지요.

"비록 무화과나무가 무성하지 못하며 포도나무에 열매가 없으며 감람나무에 소출이 없으며 밭에 먹을 것이 없으며 우리에 양이 없으며 외양간에 소가 없을지라도 나는 여호와로 말미암아 즐거워하며 나의 구원의 하나님으로 말미암아 기뻐하리로다" _(합3:17,18)

무슨 말일까요?

그렇습니다. 하박국 선지자는 하나님을 즐거워하며 하나님으로 기뻐하는 삶을 산다고 했습니다. 아무것도 없어도 말입니다. 하나님 붙드니까 되더라는 것입니다. 그러니까, 인생은 내가 아니라 하나님으로 사는 것이지요.

정말 그게 가능할까요?
묵상하면 할수록 하박국의 고백과 이상화 씨의 고백이 오버랩 되는데 답은 '가능하다'입니다. 적어도 회한의 눈물만큼은 없을 것이 확실하기 때문입니다. 없으면서도 기뻐할 수 있다지 않습니까!

역시 오래전 일입니다.
야구선수 이승엽 선수 은퇴식에서 그가 급 눈물을 흘린 것은 다름 아닌 구단주를 보자마자 눈물을 흘렸습니다. 이유인즉슨, 일본에서 돌아왔을 때, 구단주가 자신을 끝까지 믿어 주었고, 자신을 끝까지 품어 주었기 때문이었습니다. 그의 눈물은 감사의 눈물이었습니다. 안타까운 눈물이 아니라 보는 이로 하여금 마음이 따뜻해지는 눈물이었습니다. 그야말로 은혜에 대한 감격의 눈물, 감동의 눈물이었던 것이지요.
"승엽이, 삼성에 다시 오지 그래!"

이 말은 그에게 복음이었던 것입니다.
아무것도 없는, 그래서 인제는 어쩌면 퇴출 아니면 은퇴까지도 고려해야 할 상황에서 구단주의 말은 삶의 희망을 붙드는 일이 되었던 것입니다. 스포츠 선수로 도전할 수 있는 삶의 장이 열린 것이지요. 절벽에서 붙들 것을 만난 것이지요.

사랑하는 여러분!

사람은 바울이 말한 것처럼 위에서 부르신 부름의 상을 붙들려고 달려감으로 사는 것입니다. 멈추지 않고 붙들려고 달려가야 할 그 일로 사는 것입니다.

죽어 아스팔트 위를 나뒹구는 낙엽과는 다른 모습으로 말이지요. 도전하는 싱싱한 모습으로 말입니다. 외양간에 아무것도 없어도 말입니다.

"낙엽이 떨어지는 것을 보며 나는 나의 교만을 내려놓는다."_
(작가 미상)

(As I watch the falling leaves, I lay down my pride. _Unknown)

낙엽(落葉)

바람에 흩날리는
낙엽(落葉) 하나,
그 속삭임은
쓸쓸함(寂寥함)의 노래,
저문 가을의 한숨이다.

길 위에 쌓인
황금빛 조각들,
발자국마다
고요(孤寂)를 깨우며
세월의 가벼움을 말한다.

한때는 푸르렀던
生命의 깃발이었건만,
이제는 바람에 맡겨져
落下하는 순간조차
눈물처럼 빛난다.

저무는 햇살 속

影子마저 길게 늘어져
낙엽과 함께 걷는
孤獨의 길 위에
나도 서 있다.

그러나 바람이 속삭인다,
"이 또한 지나가리니
쓸쓸함 끝에
새싹(싹) 틔울 날이
머지않다."

🌿 연필과 볼펜

사람들은 보여지기를 원합니다.

잘난 것, 예쁜 것은 감춰 두지 못합니다. 그래서인지 사람들은 남자나 여자나 다 잘생기고 예뻐지려고 하는가 봅니다.

우리가 아는 스펙 역시도 다 그와 같은 연장선에 있는 것일 겁니다. 모두가 하나같이 보이려고 하니 그러니 머리가 터져라, 죽기 살기로 전력하는 것이지요.

저의 친구들도 사역을 크게 보이려고 야단입니다. 그게 능력의 척도라고 생각하기에 그렇습니다. 때론 부풀리고 때론 과장해서 말이지요.

사실 교회 사역은 인간의 노력만으로 되는 게 아닌데 자꾸만 그것을 놓치고 맙니다. 안타까운 일입니다. 분명 성경에도 보이려고 하는 자에 관한 책망이 기록되어 있음에도 그것을 아는지 모르는지… 왜, 모르겠습니까. 아마도 바리새인이 하는 짓과 다르다고 착각하는 것일 테지요.

저는 볼펜을 닮고 싶습니다.

연필은 닳아 없어지고 소멸되는 게 보이지만 볼펜은 철저히 가리고 소멸됩니다. 볼펜은 성경에서 말씀하는 오른손이 하는 것을 왼손이 모르게 하라는 원리를 따르는 것이지요. 볼펜은 숨겨진 것이 영원히 숨겨지지 않음에 관한 성경의 가르침을 잘 알고 있나 봅니다. 그래서인지 다 쓴 볼펜의 심을 들여다보면 뭔가 열심히 살아온 땀과 열정을 떠올리게 합니다. 깡마른 잉크는 하얀 노트에 그렇게 부려져 있는 것이지요.

저도 죽어 사라졌을 때, 아름다운 기억으로 남는 그런 사람이 되고 싶습니다. 볼펜처럼 말이지요.

"하늘은 조용히 내리고, 강은 조용히 흐른다. 가장 깊은 것은 소리 없이 다가온다."_(동양 격언)
(The sky descends in silence, and the river flows quietly. What is deepest comes without a sound. _Eastern Proverb)

바닷가 파도처럼

바닷가 파도처럼 밀려왔다 물러나는 잔잔한 파도가 있는 해변을 걷습니다. 발에 밟히는 젖은 모래알이 서걱서걱, 뽀드득 뿌드득…

묘한 부드러움이 발목에서 오금으로 오금에서 전신으로 타고 흐릅니다. 묘한 부드러움은 묘한 기분으로 바뀌어 이런저런 생각들을 유리 파편처럼 쪼개 흩어 버립니다. 사실 답답하게 생각했던 것들이 아무것도 아니었습니다. 그렇게 놓고, 그렇게 두고, 그렇게 포기하면 될 일이었습니다. 자꾸만 생각의 꼬리를 물고 놓지 않은 탓에 언뜻 복잡한 일이 된 것처럼 느껴졌던 것입니다. 순간 머리가 환해지는 듯합니다.

문득 뒤를 돌아보았습니다. 저의 발자국도 사라지고 없었습니다. 잔잔한 파도가 다 지워 버렸나 봅니다. 마치 머릿속 고민을 죄다 지워버린 것처럼 말입니다. 감사가 흘러나왔습니다. 그냥 감사가 말입니다. 정말이지 바다는 모든 걸 삭혀 주는가 봅니다. 그래서 사람들이 머리가 복잡하면 바닷가를 찾는가 봅니다. 저도 그래서 왔을 테지만요.

"너희 염려를 다 주께 맡기라 이는 그가 너희를 돌보심이라"_(벧전 5:7)

"가장 거센 폭풍 후에 가장 맑은 하늘이 온다."_(작자 미상)
(The clearest skies come after the fiercest storms. _Unknown)

🌿 그것들은 늘 곁에 있었습니다

달립니다. 살려고 산속을 달립니다.
몸의 원수 같은 기름을 빼려 달리고 또 달립니다.
무작정 달려 오늘 목표한 거리를 채워야 합니다.
호흡은 의식을 흐릿하게 합니다.
단지 오늘 채워야 하는 그 지점만 뚜렷할 뿐입니다.
오르막에서 급기야 사달이 났습니다.
가슴이 터질 듯합니다. 그만 늦추지 않으면… 하고 협박을 해옵니다.

해서 걷습니다.

펄떡였던 심장은 공기 부족으로 목구멍에 걸린 공기를 죽기 살기 빨아들입니다.

이윽고 의식이 아늑해집니다. 그리고 이내 되돌아옵니다.

남는 건 허기뿐!

아닙니다. 그것들이 곁에 있었습니다.

수만 가지 나무와 이름 모를 풀과 새소리 그리고 쫄쫄쫄 물소리에다 여과된 공기까지 늘 있었던 것들, 오늘에야 보게 됩니다. 그동안 그들이 얼마나 저를 불러 세웠을까요?

눈 가리고 귀를 막고 자연스레 입을 틀어막았으니 그들에게 안녕이라는 말 한마디 하지 못한 겁니다.

초록의 쉼을, 청정한 공기를, 그들은 마음껏 허락했지만, 저는 혼자 살겠다. 고마운 그들을 손절한 것이지요.

하늘을 한 번 올려다봅니다. 그리고 주위를 살핍니다. 그들이 웃고 있습니다. 그들은 늘 그랬다고 합니다. 다시금 하늘을 올려다봅니다. 그들이 곁에 있음을 감사했습니다.

다스림은 그들 위에 군림하라는 말씀이 아니었나 봅니다. 그들과 함께하라는 의미였나 봅니다. 거북이 걸음이 저를 새롭게 살렸습니다.

그렇습니다. 인간은 결코 혼자 사는 게 아닌가 봅니다. 하나님이 주신 이유를 이제야 알게 됩니다. 뜀이 아니라 걸으니 하나님의 섭리가 보였습니다. 몸속 기름은 그렇게 빼는 게 아닌가 봅니다.

"산들과 모든 작은 산과 과수와 모든 백향목이며 짐승과 모든 가축과 기는 것과 나는 새며 세상의 왕들과 모든 백성들과 고관들과 땅의 모든 재판관들이며 총각과 처녀와 노인과 아이들아 여호와의 이름을 찬양할지어다" _(시 148:9~13b)

제 4 장

멈춤이 없는 이야기

천천히 걷는다는 것

한 걸음만,
정말로 단 한 걸음만
천천히 걷는다면…
비로소
보이기 시작합니다.
쫓기듯 지나쳤던
가로수(街路樹)의 숨결,
말없이 곁을 지켜주던
가족의 미소(微笑),
그리고 어느새 희미해진
나의 오래된 꿈까지.
속도가 전부(全部)인 줄 알았습니다.
더 빨리, 더 높이,
더 많이 가지면 이기는 줄 알았지요.

그러나 이제 압니다.
득(得)하는 자는
버릴 줄 아는 자라는 것을.
세월의 수지(手紙)가

주름진 얼굴에 남긴 필적(筆跡)을 읽으며
나는 깨닫습니다.
지연(遲延)은 때로
신(神)의 자애(慈愛)일 수 있다는 것을.

세상은 여전히
빨리 가라 하지만
이제 나는
하루의 풍경(風景) 하나에도
감사(感謝)를 배웁니다.
천천히 걷는 오늘,
그 길 위에서
나는
나 자신과 다시 만나고,
하나님의 족음(足音)을 조용히 듣습니다.

🌿 천천히 걸으면 실수하지 않습니다

천천히 걸으면 실수하지 않습니다.

그렇습니다. 전, 후, 좌, 우를 돌아보게 되는 여유가 생기기 때문이지요. 그러면 그냥 지나친 것들이 비로소 보입니다. 그뿐 아닙니다. 얼마나 후회스러운 일이 많은지 모릅니다. 가족도 보이고요, 친구도 보이고요, 하다못해 원수처럼 여겼던 그 사람의 좋은 점도 보이고요. 그러면서 깨닫지요. 앞으로 나아갈 때 인제는 좀 천천히 가야겠다고 말입니다.

요즘은 모두가 얼마나 바쁘게 달려가는지 모릅니다. 죽기 살기 그렇게 달려들 갑니다. 마라톤을 완주한 5천 명이 실격한 이유가 있습니다. 2013년 영국의 한 마라톤대회에서 2위 선수를 포함한 5천여 명의 선수들이 결승선을 통과했지만 전원 실격 처리가 되었습니다. 왜냐하면 2위를 달리던 선수가 경로를 이탈했고, 이어 뒤따르던 선수들이 이탈경로를 뒤따라 달렸기 때문입니다. 그들은 264m를 덜 달린 것입니다. 5천여 명 중 누구도 경로를 의심하지 않았다고 합니다. 앞 사람의 뒤통수만 바라보고 달렸기 때문이지요.

손자병법에도 빨리 빨리라는 병법이 있습니다. 전략을 오래 질질 끌기보다는 조금은 졸렬한 구석이 있다고 하더라도 빨리 시작해서 빨리 끝내는 것이 좋다는 것이지요. 빨리빨리 그렇게 해야 할 이유가 있겠지만 그럼에도 비겁한 방법으로 한다는 게 조금은 씁쓸합니다. 물론 전쟁에서는 이기는 것이 관건이니 이해는 됩니다만…

사실이지 우리도 이 빨리빨리에서 자유로울 수 없는 시대를 사는가 봅니다. 반도체는 많이 담아 빨리빨리, AI는 노력없이 빨리빨리… 아무래도 우리는 앞으로 이보다 더한 빠름 속에 살 것 같습니다. 섬뜩합니다. 빨리빨리 하다가 모두가 실격 처리될까 봐 말입니다.

"너는 범사에 그를 인정하라 그리하면 네 길을 지도하시리라"_(잠 3:6)

"인생은 속도가 아니라 방향이다."_(마하트마 간디)
(Life is not about speed, but direction. _Mahatma Gandhi)

역시 인생은 약한가 봅니다

역시 인생은 약한가 봅니다.
여호수아가 아이성 1차 전투에서 실패하고 말았습니다.
참으로 안타까운 일입니다. 바로 앞의 전투인 여리고성 전투에서는 싸우지도 않고 그냥 누리는 은혜가 있었지만 그보다 작은 전투에서는 실패하고 말았던 것입니다. 당연히 이길 줄 알았던 전투였기에 요즘 말로 하면 여호수아는 멘붕 상태가 된 것입니다.

전쟁 전 짤막한 기도라도 했더라면 하나님께서 아간의 죄를 지적해 주셨을 것인데 말입니다. 그러면 그것 해결하고 나아갔더라면 승리했을 것인데 말이지요. 사람이란 그런 것 같습니다. 아무리 영적인 지도자라도 그런 단순한 원리마저 놓칠 때가 있는 것을 보면 말이지요. 여리고 성 점령하기 전에는 그렇게 풍성했던 하나님의 임재가 아이성 전투를 두고 있는 시점에는 그와 같은 임재가 전혀 없는 것을 이상하게 여겨야 했지만 여호수아는 귀신에 씌었는지 그러지 못했습니다.

  옷을 찢고 재를 뒤집어쓴 그가 저녁 늦게까지 엎드려 있다가 하는 말을 들어보면 정말이지 귀신에 홀린 사람이 틀림없습니다. 하나님이 우리 이스라엘을 떠났다는 고백을 한 것입니다. 어째 다른 이는 몰라도 지도자 여호수아가 그러는지 알다가도 모를 일입니다. 역시 인간은 약한 존재인가 봅니다.

  얼마 전까지 강아지 인절미와 달리의 인기가 대단했습니다. 인절미의 팔로우가 100만이 되니 말입니다. 이와 같은 현상을 사회학자가 이렇게 진단은 했습니다. 버려진 유기견의 회복 과정을 통해 인간성 회복을 하고자 하는 기저가 있다고 말입니다.

  인간성의 회복은 어떻게 이루어질까요? 그것은 인간을 만드신 하나님만이 회복해 주실 수 있겠지요. 그런데 번지수가 다른 곳에서 그것을 찾고 있는 모습은 이상할 수밖에 없습니다. 여호수아도 그렇고 요즘의 사람도 그렇고 왜 모두 하나님을 죄다 떠나 그와 같은 모습으로 일관하는지 모르겠습니다. 정확한 방법과 해답은 이곳 하나님 안에 있는데 말이지요. 그러고 보면 사람은 정말이지 약하고 우둔한 존재임을 다시금 깨닫습니다.

"주의 말씀을 열면 빛이 비치어 우둔한 사람들을 깨닫게 하나이다"_(시 119:130)

한 줌의 숨

인생(人生)의 반쯤(半쯤)을 걸어와
절반을 넘긴 세월(歲月) 앞에
나는 조용히 멈추어 섭니다.

힘(力)주어 걸었던 발자국(足跡)들이
바람(風) 앞의 모래(砂)처럼 흩어지고
지킨 줄 알았던 믿음(信念)조차
시간(時間) 앞에 무너졌습니다.

어깨(肩)는 굽고
마음(心)은 고요(靜寂)해졌습니다.
아무리 쌓아도 채워지지 않던
그 허무(虛無)함이
기도(祈禱) 중에야 비로소
뿌리(根源)를 드러냅니다.

나는 먼지(塵土)입니다.
숨 쉬는 한 줌(一掬)의 연약(脆弱)한 존재(存在),
주의 손(手) 아니고서는

하루도 설 수 없는 나.
그러나
주의 은혜(恩惠)는 새벽(曉)처럼 이르고
자비(慈悲)는 어제보다 깊어(深)
오늘도 나를 붙드십니다.

비워지는 나이(年輪) 속에서도
나는 비로소
채움의 본질(本質)을 배웁니다.
허무(虛無) 속에 심긴 소망(所望),
무너진 틈 사이 스며드는 빛(光),
그분이야말로
내 인생(人生)의 중심(中心)이었음을
이제야 고백(告白)합니다.

🌿 폭풍을 만난 배가 파선 되지 않는다면 그 원리가 무엇일까요?

폭풍을 만난 배가 파선 되지 않는다면 그 원리가 무엇일까요?

그렇습니다. 뱃머리를 바람이 부는 쪽으로 정면으로 돌리는 것이지요.

대부분의 사람들은 힘듦이 오고 어려움이 올 때, 좌절하고 무너지는 삶이 되는 것은 자꾸만 힘듦과 어려움을 피하려고 도망가려 하기 때문입니다.

그것 아세요?

뱃머리를 돌리는 순간, 편안하게 도망하려고 방향을 바꾸는 순간, 아직 완전히 돌아서지 않은 그 순간의 넓고 넓은 배의 옆구리는 무장 해제된 표적입니다.

그 순간이 치명적 타격을 받아 무너지는 순간입니다. 제대로 도망도 한 번 가보지 못하고 파선되고 마는 것이지요.

그러니 폭풍우를 만났다면 뒷걸음도 돌아섬도 안 됩니다. 단지 정면으로 나아가는 수밖에는 없습니다.

"바람을 보고 무서워 빠져 가는지라 소리 질러 이르되 주여 나를 구원하소서 하니"_(마 14:30)

"믿음은 고난을 피하는 것이 아니라, 고난을 뚫고 가는 것이다."_(코리 텐 붐)

(Faith is not about avoiding suffering, but about walking through it. _ Corrie ten Boom)

🌿 우리 몸은 물을 간절히 원합니다

제가 다니는 헬스장에 가면 벽에 조그마한 사진들이 있습니다. 거기에 참 공감되는 글이 있습니다. '신체는 물을 간절히 원하고 있다'라는 책을 출간한 미국의 페레이둔 바트만겔러디 박사님이 우리 신체가 원하는 것과 우리가 선택하는 것은 다르다며 정확한 진단과 처방을 이야기하는 내용입니다.

박사님의 요지는 갈증이 날 때 우리 뇌는 배고픔과 목마름을 동시에 일으킨다는 것입니다. 그런데 정작 물을 필요로 하는데 우리는 배가 고프다고 느낀다는 것입니다. 그것은 순전히 내가 느끼고 싶은 것을 추구하기 때문에 그렇다는 것이지요. 음식을 먹고 싶다고 생각하니 허기가 지는 것처럼 느껴진다는 것입니다. 그러기에 운동을 해서 살을 **뺀**다거나 하는 다이어트는 언제나 실패하고 만다는 것입니다.

그렇습니다. 저도 가만 보면 배가 고프지도 않은데 식탐으로 인해 자주 먹습니다. 그 탓인지 헬스를 10년이나 하면서도 그때나 지금이나 언제나 몸무게는 똑같습니다. 그리고 보면 살이 찌는 것은 다름 아닌, 먹는 것과 연관되어 있는 게 분명합니다. 그게 다 어디로 가겠습니다. 배로 팔로 다리로 가서 살이 되고 비곗덩어리가 되는 것이지요.

결국, 다이어트 실패로 살이 찌는 것은 바로 박사님 말씀처럼 잘못 진단하고 처방하기 때문입니다. 그것도 의도적으로 말입니다. 물을 마셔야 하는데 탄수화물을 마구 먹으니까요. 몸은 간절히 물을 달라고 하는데 거기엔 귀를 꽉 막고 배가 고프니 음식을 먹자고 하니 되겠습니까?

"술 취하고 음식을 탐하는 자는 가난하여질 것이요 잠 자기를 즐겨 하는 자는 해어진 옷을 입을 것임이니라"_(잠 23:21)

"가장 확실한 노예는 입(口)에 지배당하는 사람이다."_(호라티우스)

(The surest slave is the one ruled by his appetite. _Horace)

🌿 건강한 사람은 어제처럼 그렇게 오늘 하루도 그냥 살면 됩니다

건강한 사람은 어제처럼 그렇게 오늘 하루도 열심히 살면 됩니다. 그러나 매일 승리해야만 하는 사람이 있습니다. 바로 우리 곁에 있는 장애우입니다. 건강한 우리가 사는 오늘은 장애우가 또 어떻게 살아내야 할까? 했던 힘겨운 내일이었습니다. 그러니 오늘을 대수롭지 않게 그냥저냥 살면 안 될 것입니다. 그것은 장애우를 향한 최소한의 예(禮)일 것입니다.

"너는 귀먹은 자를 저주하지 말며 맹인 앞에 장애물을 놓지 말고 네 하나님을 경외하라 나는 여호와이니라"_(레 19:14)

"장애를 가진 이가 아니라, 다르게 살아가는 또 하나의 인간일 뿐이다."_(에드워드 앨버트)
(A person with a disability is not broken, just a human being living life differently. _Edward Albert)

🌿 누구나 좋아할 만한 것이

　누구나 좋아할 만한 것이, 누구에게는 싫어할 만한 것일 수 있다는 사실을 알아야 하겠습니다. 그것은 틀림에 근거하는 것이 아니라 다름에 근거하는 것입니다.
　그렇습니다. 나와 다른 것이 틀린 것이 아님을 붙들 때 비로소 다른 이의 다름을 인정할 수 있을 것입니다. 이러한 사실을 꼭 잊지 말아야 할 것입니다.

"누가 누구에게 불만이 있거든 서로 용납하여 피차 용서하되 주께서 너희를 용서하신 것 같이 너희도 그리하고"_(골 3:13)

"모든 꽃은 같은 방식으로 피지 않는다. 그럼에도 모두가 아름답다."_(인도 속담)

(Not all flowers bloom in the same way, yet each one is beautiful. _Indian Proverb)

🌿 1등 하려면 현장으로 가야 합니다

탁상공론이라는 말이 있습니다
무슨 말일까요?
책상머리맡에서 아무리 기발한 생각, 아이디어가 나온다 해도 현장의 실천, 행함 없으면 도루묵이라는 것이지요. 아무짝에 쓸모없다는 이야기입니다.

예수님의 사역을 보세요.
말씀 사역과 현장 사역이 얼마나 풍성했습니까?
때론 피곤하시지만 복음서를 보세요. 한쪽으로 기울지 않으셨고 그 균형은 항상 아름답게 빛났습니다.
세상의 빛과 소금을 말씀하신 것은 영향력을 말씀하신 것입니다.
즉, 현장으로 나아가 빛이 되고 소금이 되어서 어둠을 밝히고 썩을 곳에 가서 썩지 않게 하는 맛을 내는 그런 역할을 하라는 말씀이지요. 방콕에 머물러 있으면 안 된다는 것입니다.
빛과 소금은 결코 그럴 수 없다는 것입니다. 그렇지 않으면 사람들 발에 밟힌다는 것이지요. 그러니 철저히 현장으로 내려가서 맛을 내라는 말씀입니다. 거기에서 능력이 나온다는 것입니다.

오래전 어느 일간지에 이런 기사가 소개된 내용입니다.

현대 차 10년 연속 판매왕 임희성 씨의 이야기였습니다. 한해에만 416대를 팔기도 했는데, 2001년부터 17년간 5,508대를 팔았다는 것입니다.

그의 이와 비결은 다름 아닌 현장이었습니다. 물론 영업직이라 현장을 가야 하지만 그의 현장은 다른 사람들과 달랐습니다. 그는 사람들 속 깊이 들어가 그들과 함께했다는 것입니다. 이른 새벽에 재래시장을 찾아 상인들과 배추도 나르고 연탄 배달도 도왔다는 겁니다. 그 결과 놀라운 일이 일어난 것입니다. 새 트럭이 필요한 사람은 단연 임희성 씨를 찾을 수밖에 없었다고 합니다.

그리고 특이한 것은 고교시절 전교 꼴찌를 다툴 만큼 성적이 나빴고, 대학도 가까스로 2년제 대학에 입학해 졸업했다는 것입니다.

그런 그가 10년을 연속 1등을 한 것입니다.

그의 비결이 무엇일까요? 바로 현장의 중요함, 현장 붙들었기 때문이지요. 현장에서 실력자, 능력자 된다는 것을 잘 보여 준 것입니다.

예수님께서도 제자들을 가르치시고 그들을 현장으로 보내셨습니다. 전도하며, 귀신을 쫓으며, 병자를 고치라고 말이지요.

무슨 말일까요?

그렇게 해야 실력자, 능력자 된다는 것이지요. 현장에 내려갔을 때 그렇게 된다는 것을 말씀하신 것입니다.

그러니 인제 방콕을 탈피해야 할 것입니다. 그리고 현장으로 나아가 일도 하고 전도하는 현장에 머물러야 하겠습니다. 바로 거기가 능력자, 실력자로 구분되는 곳임을 분명히 알아야 할 것입니다.

"그 후에 주께서 따로 칠십 인을 세우사 친히 가시려는 각 동네와 각 지역으로 둘씩 앞서 보내시며" _(눅 10:1)

"회의실에서 나눈 천 마디보다, 한 번의 현장 방문이 더 낫다."
_(일본 속담)
(One visit to the site is better than a thousand words in the meeting room. _Japanese Proverb)

🌿 광야로 가는 이유

주위 사람을 보거나 아니면 나 자신이 볼 때, 뭔가 잘하고 있고 또 한창 스펙을 쌓아가는 순간에 천 길 낭떠러지로 떨어져 내리는 황망한 경험을 종종 하는 일이 있습니다.

그럴 때, 우리는 하나같이 망연함으로 일관하며 심지어는 믿음의 자리를 떠나는 경우도 발생합니다.

그러면서 왜? 왜를 외칩니다. 그것도 미친 듯한 발악으로 말이지요. 거기다 더해 저주까지 일삼으며, 하나님이 살아계신다면 이럴 순 없다면서 말입니다.

일전에 TV로 바나나를 재배하는 것을 보았습니다.
비닐하우스에서 국내 생산을 하고 있었습니다.
그런데 지금까지 알기로는 바나나가 먼 곳에서 오기 때문에 덜 익은 것을 따서 오는 줄 알았습니다.
그런데 국내 생산도 덜 익은 것을 따서 생산하고 있었습니다. 이유는 이랬습니다. 적당한 크기에 덜 익은 걸 딸 수밖에 없는 것은 바나나 자체 무게로 인해 가지가 부러지기 때문이라고 했습니다. 그래서 가지가 부러지기 전에 딴다는 것입니다. 그리고 며칠 숙성의 과정을 거친다는 겁니다.

어쩌면 우리가 어느 날 느닷없이 나락으로 떨어지는 듯한 경험을 하는 것도 이와 같은 원리가 아닐까 싶습니다.
더 스펙을 쌓아간다면, 우리 입장에서는 나중을 위해 좋을 것 같지만 하나님 보시기에 아니라는 것입니다.
무슨 말이겠습니까?
그 쌓아가는 스펙으로 인해 우리가 순간 하나님을 떠나 무너질 수 있다는 것을 말씀하시는 것은 아닐까? 라는 겁니다.
사실 바나나 입장에서나, 우리 입장에서나 황망한 일이 아닐 수 없습니다. 두면 노릇노릇할 터인데 두면 능력자 될 터인데 말입니다. 하지만 이른 수확은 우리를 살리는 일이라는 것입니다.

그뿐 아닙니다.
일찍 따져 숙성의 과정을 밟듯 우리 역시 그렇게 숙성의 과정 즉, 광야의 과정을 밟는다는 것입니다. 아직 덜 익은, 풋내 나는 우리를 하나님은 귀히 쓰일 수 있는 능력자로 만들기 위해 광야로 내몬다는 것이죠.
그러나 우리는 그와 같은 깊은 뜻이 있는지 모릅니다. 그래서 발끈하는 것입니다. 죽는다고 고함을 치는 것이지요. 어리석은 짓을 고래고래 고함치며 난리 부리는 것입니다. 죽는 길을 떠나서 사는 길로 들어섰음에도 그것 몰라서 말입니다.

우리가 잘 아는 바울이라는 사람은 당대 대단한 사람이었습니다. 단적인 예로 그가 얼마나 학식이 풍부했는지 행전26장에서 베스도가 바울을 보고 미쳤다고 할 정도였습니다.
율법이면 율법, 철학이면 철학, 폭넓은 지식과 논리적이고 막힘없는 달변에 깊은 감명을 받은 베스도의 고백은 지금으로 하면 바울의 스펙에 입을 다물지 못한 것이라 할 것입니다. 그런 바울을 하나님은 일찍이 맹인이 되게 하시고 광야로 딱 내몰았던 것이지요.

모세 역시 그와 같은 과정을 밟아 쓰임 받았습니다.

펄펄 나는 40세의 나이와 왕궁에서의 삶 그리고 휘황한 스펙까지 하지만 그것으로 안 되기에 하나님께선 모세를 광야로 40년 내몬 것이라 하겠습니다.

다윗 역시 그와 같은 과정에서 자유로울 수 없는 사람입니다.
잘나가던 순간순간마다 하나님은 브레이크를 걸어 그를 광야로 내몰았습니다. 그의 시편을 보면 그의 광야의 삶이 얼마나 절절했는지 알 수 있습니다.

사랑하는 여러분!
내가 생각하는 상식에 걸맞지 않는다고 쉽게 부화뇌동하지 마시기 바랍니다.
어떤 상황이든 하나님께서 여러분과 저를 살리려 그러시는 것임을 알아야 합니다. 왜냐하면, 그냥 두면 떨어져 죽으니 떨어지기 전에 조치를 취한 것입니다. 그러니 그럴 때 오히려 감사해야 하겠습니다. 그게 맞는 일일 것입니다.
이렇듯 하나님은 바나나 수확 과정에서도 우리에게 깨달음을 주십니다. 할렐루야!

> "여호와 앞에 잠잠하고 참고 기다리라 자기 길이 형통하며 악한 꾀를 이루는 자 때문에 불평하지 말지어다" _(시 37:7)

"광야는 고통의 장소이지만, 동시에 하나님과 가장 가까워지는 장소이기도 하다."_(헨리 나우웬)

(The wilderness is a place of pain, but it is also where we come closest to God. _Henri Nouwen)

광야(曠野)

광야는
버려진 곳이 아니다
모든 것을
비워내는 곳이다

소리도 줄고
사람도 멀어지고
길도 보이지 않지만
하늘(天)만은
더 선명해지고
하나님(神)만
더 가까이 보인다

먹을 것도,
기댈 것도 없을 때
비로소 나는
내 속의 무거운 것들을
하나씩
내려놓는다

광야는
채움(充滿)이 아니라
비움(虛空)의 자리
그러나 그 빈자리에서
오히려 나는
잃었던
온전(穩全)함을 회복한다
세상은 가지라 하지만
하나님은
버리라 하신다

더 깊이
더 단순히
그분만 바라보라고
광야는
끝이 아니라
시작이었다

침묵 속에서
말씀이 자라고
고독 속에서
믿음(信仰)이 싹텄다

🌿 교만이 넘어짐의 앞잡이입니다

교만이 넘어짐의 앞잡이입니다.
교만과 거만이 왜, 넘어짐의 앞잡이인 줄 아십니까?
그것은 하나님 보시기에 단순히 그러한 모습이 꼴 보기 싫어 그런 게 아닙니다.
속 빈 강정처럼 없으면서 있는 척, 그것으로 시종일관 불신앙으로 일관하기 때문이지요. 조금 있다고 다 있는 척, 그러면서 내가 제일이라고 머리를 빳빳하게 들기 때문이지요.

국민가수 이미자 씨가 왜 대단한 가수인지 아시나요?
그녀가 60주년 기념 콘서트에 앞서 가진 기자회견에서 이런 고백을 했습니다.
이번 콘서트를 마지막으로 은퇴를 선언할 것이라고 했습니다. 그런데 그녀가 밝힌 은퇴하는 이유가 저에게 큰 도전이 되었습니다. 지금까지 은퇴하는 사람에게서 한 번도 들어보지 못한, 기억에도 없는 그런 이야기였습니다.
"더 할 수 있는 능력이 없기 때문이다."라고 말입니다.
콘서트를 할 때 언제나 녹음할 때와 같은 톤을 고집하는 그녀가 결국 한계를 느끼며 고백한 것이지요. 무슨 말일까요?
그렇습니다. 한계를 인정한다는 것이지요. 나이 든 그녀는 립싱크를 거부하고 기꺼이 자신의 한계를 당당하게 이야기한 것입니다.

그러니 그와 같은 '능력이 없어서 더는 못한다'라는 고백이 대단하기도 하지만 은혜롭고 귀하게 여겨지는 것이지요.

실력도 실력이지만 그녀가 왜 대단한지 다시 한 번 더 알 수 있는 대목이 아닐 수 없었습니다. 그녀의 고백은 단순하면서도 강력한 메시지를 담고 있는 것입니다.

사도행전 5장의 아나니아와 삽비라를 보십시오!

그냥 절반입니다. 하면 될 일이었습니다. 아니면 일부만 가져왔습니다. 해도 되었습니다. 그런데 전부 다 드린 것처럼 하다가 완전히 무너진 것입니다. 드리기 싫으면서 아닌 척, 아니면서 맞는 척하다 그렇게 된 것이지요.

베드로가 물 위를 걷다가 빠졌습니다. 믿음 적음의 책망을 받았습니다.

그렇습니다. 약하디약한 믿음이면서 강한 척했던 교만한 믿음이라는 것입니다. 진실한 믿음은 끝까지 주님 바라보는 것인데 베드로는 그렇게 하지 않았던 것이지요. 처음부터 자신의 약함을 알았다면 시선을 다른 곳으로 돌리지 않았겠지요. 그러니 무너지고 깨지더라는 것입니다.

사랑하는 여러분, 주님께서 어린아이를 왜 칭찬하셨는지 아시죠?

그렇습니다. 그것은 아이가 착해서도, 선해서도, 열정이 있어서가 아니었습니다. 누가 봐도 알 수 있는 한계가 있는 약함, 그것을 숨길 수도 없고 또 숨기지도 않기 때문입니다.

　사실 우리 같으면 기드온 같은 사람을 한 대 쥐어박고 싶을 겁니다. 하나님의 사자를 보고서 이젠 나 죽었네, 할 만큼 하나님의 임재를 누리고도, 일꾼으로 쓰시려니 하나님이 살아 계신지 시험하고 또 시험했습니다.

　그럼에도 우리 하나님은 기꺼이 기드온의 시험(?)를 견디시면서 그를 사용하셨습니다.

　그것도 처음 '큰 용사여!'라고 부르신 것 수정하지 않으시고 말입니다. 처음 부르신 그대로 기드온을 사용하셨습니다.

　무슨 뜻이겠습니까? 그렇습니다. 약함을 인정하는 자, 약하다고 하나님께 고백하는 자, 절대 무너지지 않는다는 것을 말씀해주신 것입니다.

　그렇게 약함을 인정하는 자는 언제나 하나님의 긍휼함을 이끌지요. 그것은 결국 세우심까지 이어진다는 사실입니다.

　그러니 주님께서 말씀하신 낮아지면 높아지고, 높아지면 낮아진다는 원리를 굳건히 붙들어 무너지는 인생이 아니라 굳건히 세워지는 삶을 살아야 할 것입니다.

　그런 삶이 하나님 영광됨의 삶일 것입니다. 이 땅의 삶이 겸손함으로 낮아짐으로 되레 세우심을 누리는 삶을 살아가야 할 것입니다.

　　"교만은 패망의 선봉이요 거만한 마음은 넘어짐의 앞잡이니라" -

(잠 16:18)

"교만은 사람이 자신의 한계를 잊어버릴 때 시작된다."_(세르반테스)

(Pride begins when a person forgets their own limitations. _Miguel de Cervantes)

🌿 그냥 자신의 자리에 서 있으면 될 것입니다

또 자리 이야기입니다.

최근 들어 자기 자리를 떠난 사람들의 모습을 쉽게 볼 수 있습니다. 정계, 학계뿐 아니라 조금 과장해서 이야기한다면 모든 국민이 죄다 그런 모습인 것 같습니다.

자기 자리를 떠난 사람들의 특징의 한 가지는 뭘까요?

하지 말아야 할 말을 마구 한다는 것입니다. 다시 말해, 막말의 예가 바로 그것입니다. 상대를 향해 어찌나 막말을 하는지, 저 사람이 저런 말을 할 수 있나, 할 만큼… 여길 봐도, 저길 봐도, 길거리를 걸어가도 여기저기서 들립니다.

그런데 막말을 하는 이유가 뭘까요?

감히 말씀드리면 너보다 내가 낫다는 말이지요. 그래서 너는 비켜나고 내가 그 자리에 있어야 한다는 것입니다.

어쨌든 밟아야 내가 산다(?)는 변질된 신념 그것이 정말 참일까요?

어떻게 네가 있어야 내가 있고, 내가 있어야 네가 있는 그런 원리를 왜 모르는지 알 수가 없습니다. 함께, 공생하도록 지어진 창조의 원리를 떠난 모습은 참으로 안타까운 일이 아닐 수 없습니다. 그러니 무너지는 인생이 되고 마는 것이지요.

정말이지, 자기의 자리를 지킬 수는 없는 것일까요?

삼하19장의 요압은 자리 떠남의 표본입니다.

요압은 다윗의 신복으로 군대장관으로 충성했던 자입니다. 하지만 시간이 흐르면서 왕의 명령을 무시하기 시작하더니, 급기야 왕을 꾸짖기까지 합니다. 거기다 왕께서 이런 식으로 하시면 우리 다 떠날 거라는 협박까지 말이지요. 그것도 하나님 이름으로 맹세까지 하면서 말입니다.

심지어 나중엔 아도니야를 차기 왕으로 옹립하려고까지 했습니다. 물론 솔로몬의 손에 죽고 말았지만 말입니다.

무슨 말일까요?

신하의 자리를 떠나니 이상한 말을 하게 되고, 결국 이상한 행동까지 하다 죽더라는 것입니다.

혜민 스님도 그의 책에서 그런 인생을 두고 자신의 인생이 아니라 남의 인생을 산다며 꼬집었다. 그렇습니다. 자신의 자리 떠난 삶을 말하는 것입니다.

요즘은 하도 신식 군대가 되어서 어떤지 모르나 군인은 자기 자리 떠나면 총살감입니다.

  왜냐하면, 군인이 자기 자리 떠나면 자신뿐 아니라 모두 살 수 없기 때문입니다. 군인의 자기 자리 지킴이 얼마나 중요한지를 말해주는 것이라 하겠습니다.

  그래서 주님께서도 자리에 관해 말씀하셨습니다.

  너의 자리 저기 저쪽이라고! 네가 붙들어야 할 자리가 저기라고 말입니다. 거기는 밟히지도, 누구도 탐하지 않는 자리라고! 되레 세워지는 자리라고! 그러니 지키라고 말입니다.

  사랑하는 여러분, 세상이 참 어지럽게 돌아간다고들 합니다.

  왜냐하면, 죄다 자기 자리를 떠나 지키지 않기 때문이겠지요. 이럴 때 우리만큼은 자리 지키는 자들이 되어야 하지 않을까요? 주님 말씀하신 그 자리, 자신의 자리 말입니다. 결코 무너지지 않는 자리, 때가 되면 자연스레 세워지는 자리 말입니다. 안 그러면 미친 요압이 되고 말 것이기 때문입니다. 그야말로 비참한 인생이지요.

> "여호와께서는 높이 계셔도 낮은 자를 굽어살피시며 멀리서도 교만한 자를 아심이니이다"_(시 138:6)

> "지킬 자리를 지키지 못한 자는, 결국 아무 자리도 가지지 못하게 된다."_(작자 미상)

(Those who fail to keep their place will eventually have no place at all.
_Unknown)

또 하나의 1등 하는 비결

우리는 누구나 한 번쯤 1등을 꿈꿔 보았을 것입니다.

아니 지금도 진행형일지도 모릅니다. 사실 그것 없이는 삶의 동력이 시들해지기에 어떻게 보면 긍정적일 수도 또 어떻게 보면 부정적일 수도 있는 1등의 필요악인 딜레마에 빠져 있다고 해도 틀리지 않겠습니다.

여하튼 우리가 희망, 꿈을 품고 있다면 그와 같은 딜레마에 붙들려 있다고 하겠습니다. 사실이지 인류가 이렇게 비약적으로 발전한 것은 그것이 토대가 된 것임은 명백한 사실일 겁니다.

그러므로 그게 긍정적이든 부정적이든 추진력의 동력이 된 것은 맞는다고 할 수 있겠지요.

몇 년 전 싸이와 방탄소년단(BTS)은 둘 다 세계적인 스타였습니다.

그러나 싸이는 얼마 안 가서 세계무대에서 급속히 사라졌고, 방탄소년단은 당시 계속 진행형으로 고공 행진을 이어갔습니다.

싸이도 빌보드 차트 2위까지 가는 대박을 누렸지만 후속타가 없어 결국 '원 히트 원더(한 곡 히트시킨 뒤 잊힌 가수)'가 된 것이죠. 그러나 BTS는 연일 만원 세례였습니다.

사실 노래와 춤으로 따지자면 대중적으론 싸이가 훨씬 더 낫습니다. 따라 부르기도 쉽고 춤도 쉽습니다. 그러나 무엇이 이와 같은 결과를 낳은 것일까요? 바로 소통입니다.

싸이는 인터넷 소셜미디어를 지배하지 못해 무너진 것이고 BTS는 그것을 선도하며 누린 것이지요. BTS는 자신들의 일상을 SNS 상에서 숨김없이 보여주었습니다.

특히 일상과 연습장면은 최정상을 달리고 있는 상황에서 보여주기 힘든 일입니다만, 하지만 그들은 그것까지도 공유하며 팬들과 소통했던 것입니다.

여기서 우리는 1등의 또 하나의 원리인 소통을 배울 수 있는 것이겠지요.

구약성경 창세기의 주인공이 누굴까요?

신학자들도, 성경 내용을 봐도, 단연 열두 지파의 아비 야곱을 꼽습니다. 그런데 우리의 시선은 자꾸만 아브라함에 갑니다.

왜 그럴까요? 바로 소통의 능력을 우리에게 보여주기 때문이지요.

야곱은 형을 피해 밧단아람 삼촌집으로 가다 나중 벧엘이 되는 루스에서 하나님을 한 번 만났습니다. 그 후 그의 삶의 일대기를 보십시오! 나중 삼촌을 떠날 때 그때 비로소 하나님의 이름이 그의 입에서 다시 나옵니다.

그동안 20여 년 절절한 삶을 살았을 때, 야곱은 하나님과의 소통하는 모습을 찾을 수 없습니다. 그러나 아브라함은 수시로 하나님을 만나고 대화했습니다. 아니, 하나님께서 일방적으로 찾아오셔서 말을 거신 일이 더 많을 정도입니다.

무슨 말일까요? 아브라함에게는 하나님이 찾아오실 수 있는 공간, 여백이 많았던 것입니다. 다시 말하면, 아브라함은 모세처럼 하나님과 소통할 수밖에 없는 친구 수준이었겠지요.

그런 탓에 그들의 말미에 있었던 신앙 고백을 보십시오. 아브라함은 이삭 재물 사건으로 하나님을 자연스레 손들게 했습니다. 거기엔 억지가 없습니다. 하지만 야곱이 얍복강에서 하나님을 이긴 사건을 보십시오. 거기엔 억지만이 있을 뿐입니다.

왜 그렇습니까? 야곱은 평소 그렇게 살아왔기 때문입니다. 하나님과의 소통은 없고 자신의 힘만 믿었던 것이지요. 반면, 아브라함은 실수하는 일이 종종 있었지만 그러나 하나님을 가까이하는 그런 삶을 살았습니다. 그러기에 믿음의 조상으로 당당히 불린 것입니다.

하나님과 바울 사도의 소통을 보십시오.

그러기에 감옥에서도, 어떤 환경에서도 감사하는 고백이 나온 것이며, 죽으러 가면서도, 죽음이 기다리고 있는 가운데서도 감사가 나온 것입니다.

바울 사도가 하나님과 소통한 단적인 증거는 바로 쉬지 말고 기도하라는 도전에 있다고 하겠습니다. 그렇습니다. 하나님과 늘 소통하는 삶을 살지 않았다면 바울의 환경에서 그런 고백도, 도전도

할 수 없었을 테지요.

그래서 교회 안에서 제자 훈련을 하는 것입니다. 제자? 무슨 뜻이 있을까요? 스승과의 끝없는 대화, 교통, 소통의 관계에 있는 사람을 일컫습니다. 그래야 제자로 온전해질 수 있기 때문입니다. 그래서 일찍이 주님께서 그러한 원리를 보여주신 것입니다.

소통하지 않으면 안 되기에, 소통으로만 온전한 자를 만들 수 있기에, 주님께서도 그것 붙드신 것입니다.

사랑하는 여러분, 1등하고 싶습니까?

진짜하고 1등하고 싶습니까? 그러면 소통하시기 바랍니다. 특별히 하나님과의 소통을 굳건히 붙드시길 바랍니다. 그게 무엇일까요? 바로 말씀 들음입니다. 기도입니다. 찬양입니다.

즉, 예배가 그 모든 것의 총칭이라 하겠지요. 예배를 통한 하나님과의 소통만이 하나님의 1등 자녀로 거듭날 수 있습니다.

후에 바로가 야곱에게 나이를 물었을 때,

"험악한 세월을 보냈다"라고 고백한 것은 하나님과의 소통 없이 내 힘으로 살았다는 것을 방증하는 것이겠지요.

우리 역시 그 나라에 가서 주님 앞에서 험악한 세월을 살았습니다. 라는 고백을 하지 않기 위해선 지금부터라도 부지런히 하나님과 소통하는 삶을 살아야 하겠습니다.

1등은 아무나 하지 못합니다. 특별해야 합니다. 특별이란 특별한 게 아닙니다. 그냥 열려 있으면 되는 것입니다. 위로는 하나님께!

그리고 아래로는 사람에게 말입니다.

"너는 나에게 기억이 나게 하라 우리가 함께 변론하자 너는 말하여 네가 의로움을 나타내라"_(사 43:26)

"가장 큰 문제는 말하지 않는 데 있지, 말 못하는 데 있는 게 아니다."_(조지 버나드 쇼)
(The greatest problem lies not in being unable to speak, but in not speaking at all. _George Bernard Shaw)

사람은 하나님만으로 사는 것입니다

사람은 하나님만으로 사는 것입니다. 단도직입적으로 말씀드리면, 지옥에 가지 않기 위해 하나님 믿음으로 살아야 합니다. 그러니까, 하나님만으로 살아야 한다는 말이지요.

그러면 인제, 구원받은 백성이 천국 갈 때까지 어떻게 살아야 하는가? 하는 문제가 남았습니다. 물론 하나님만으로 살아야 하는 건 당연합니다. 그런데 하나님만으로 사는 게 무엇이냐는 것이지요.

그렇습니다. 시편 62편은 그것을 잘 말씀해주고 있습니다. 거기 보면, 하나님만이라 할 때 '만(히, 아크)'이라는 배타적인 의미의 불변화사를 쓰고 있습니다. 즉, 오직 그것만을 말한다는 것입니다.

그러니까, 인생은 절대 '하나님만'으로 사는 것을 말하는 것이겠지요.

또한 하나님만으로 산다는 것은 '잠잠히~바람이여…'

무슨 말일까요? 그냥 고요하게 침묵한다는 것입니다. 천방지축, 부화뇌동하지 않는다는 의미이지요. 그냥 가만히 있다는 것입니다.

이렇게 보면 무한 황당한 이야기일 수 있겠지요.

왜냐하면, 우리가 사는 이 땅에서 하나님만으로, 그것도 입 닫고 살아갈 수 없기 때문입니다. 아무리 생각해도 안 될 것 같고 결국 안 된다고 할 것입니다.

그러나 이 시의 주인공인 다윗은 그렇지 않다고 합니다. 나의 삶을 바라보라고 도전합니다. 나는 하나님만 바라고 살고, 나는 그만 의지하고 살고, 그리고 잠잠히 입 닫고 침묵하며 고요히 하나님만 묵상하며 산다고 말하고 있습니다. 인생은 이렇게 사는 것이라고 다윗은 강력히 도전하고 있는 것이지요.

그러면서 의아하게 생각하는 오늘의 우리에게 하나님은 나의 구원, 단단한 반석, 든든한 요새, 소망, 피난처라면서 인생에 있어 필요한 모든 것 되시니 걱정하지 말라고 구체적으로 권면하고 있습니다.

사랑하는 여러분, 주께서 각 사람이 행한 대로 갚는다고 말씀하셨습니다.

"주여 인자함은 주께 속하오니 주께서 각 사람이 행한 대로 갚으

심이니이다"_(시62:12)

무슨 말일까요?

그렇습니다. 예수님으로 구원받아 천국은 가지만, 거기서 부끄러운 구원의 주인공은 되지 않아야 한다는 것입니다. 다들 황금 면류관 쓰는데, 나만 개털 모자면 부끄럽지 않겠습니까! 절대 안 되는 것이지요.

그러면 각 사람의 행함이 무엇일까요?

그렇습니다. 이 땅에서 얼마나 하나님을 붙들고 살았는지, 하나님의 영광을 위해 살았는지 그것을 보신다는 것입니다. 하나님을 붙든다는 것은, 바로 그가 나의 구원이며 반석이며 요새이며 소망이며 피난처임을 알고 사는 것을 말하는 것이지요.

건강 아닙니다. 명예 아닙니다. 돈은 더더욱 아닙니다.

저의 어머닌 통장에 돈이 없으면 배가 고프다고 하셨습니다. 그것 아닙니다.

우리는 하나님이 늘 고파야 하는 것입니다. 그래야 온전한 삶이 되는 것이지요.

하나님을 향한 타는 목마름은 풍성한 삶을 살게 하는 귀한 목마름, 은혜의 목마름, 거룩의 목마름입니다.

잊지 마시기 바랍니다.

사람은 하나님만으로 살아가는 것입니다.

"오직 큰 능력과 편 팔로 너희를 애굽에서 인도하여 내신 여호와만 경외하여 그를 예배하며 그에게 제사를 드릴 것이며"_(왕하 17:36)

"나는 더 이상 내 길을 찾지 않는다. 주님이 내 길이시기 때문이다."_(성 어거스틴)

(I no longer seek my own way, for the Lord is my way. _St. Augustine)

기다림의 힘

인내의 덕목은 동서고금을 막론하고 귀한 인성으로 봅니다.

성경 역시도 인내를 강조함을 넘어 성령의 아홉 가지 열매 중 하나로 꼽을 정도이지요.

공자의 명언으로 아는 '멈추지 않으면 얼마나 천천히 가는지는 문제가 되지 않느니라.'라는 말은 인내의 도를 말하고 있습니다.

오래전 타이거 우즈 선수가 14년 만에 마스터스에서 우승을 차지했었습니다. 본인도 보는 이도 모두 감격스러운 순간이었습니다. 우즈 선수의 우승을 신문마다 대서특필로 다루었습니다.

10년 동안 약물, 스캔들, 7번의 수술, 만신창이가 된 그가 다시 부활했다고 이구동성으로 추켜세웠습니다.

저는 골프를 치지 않습니다만 왕년의 스타 우즈 선수의 소식을 들을 때마다 우즈 선수가 언제 다시 부활할 수 있겠냐며 관심을 가졌었는데 그런 낭보를 접하고 적잖이 기뻤습니다.

어쩌면 한물간 퇴물로 역사의 뒤안길로 사라지는 줄 알았습니다. 그것은 그동안의 바닥을 헤매던 그의 성적표 때문이겠지요. 모르긴 해도 적잖은 사람들이 그렇게 생각했을 것입니다. 하지만 보기 좋게 부활한 것입니다.

물론 그의 부활에 관한 분석이 즐비하게 쏟아졌지요. 마치 기다렸다는 듯이 쏟아내는 그에 대한 분석을 보면 체력, 스윙폼 등등 그야말로 셀 수 없을 만큼 많은 이유를 언급했습니다. 여하튼 가히 박수받을 만한 열정과 각고의 노력이 아닐 수 없습니다.

그런데 그의 그러한 부활에 있어 빼놓을 수 없는 것이 있습니다. 어쩌면 그것이 지금의 우즈 선수를 만들지 않았겠냐고 할 만큼 우즈 선수의 부활 중심에 있다고 하겠는데요. 바로 글로벌 기업인 나이키입니다. 나이키는 그의 공식 후원사입니다. 우즈 선수의 끝없는 추락에도 10년 동안 묵묵히 그를 지지했던 겁니다.

다시 말하면, 그를 향한 인내라 하겠습니다. 약물, 불륜과 이혼, 부상과 같은 상황으로 10년을 헤매며 최저 랭킹 1,199위일 때도 나이키는 그를 변함없이 믿고 기다리고 지지했던 것이지요.

모르긴 해도 당장 나이키에서 광고료를 적게 준다고 해도 우즈 선수는 다른 회사로 옮기지 않을 것입니다. 왜냐하면, 그를 믿고 끝까지 지지해준, 그를 다시 살려준, 그를 다시 있게 해 준 은혜를 버릴 수 없기 때문이겠지요. 자신을 향한 지지와 신뢰의 고마움 때문에 말입니다.

사랑하는 여러분!
우리는 여기서 적잖은 삶의 원리를 발견할 수 있습니다.
인내와 신뢰 그리고 믿음의 힘은 상상하지 못할 능력을 발휘하게 한다는 것을 말입니다.
누군가를 끝까지 지지한다는 것은 그에게 100%의 능력을 능가하게 하는 특별한 에너지를 갖게 한다는 것입니다.

2018년 생존확률 1%의 302g 초미숙아가 태어났었습니다.
하지만 그의 부모는 아이를 향해 순간순간 이렇게 말했다고 합니다. "믿고, 사랑한다고!"
그와 같은 아이를 지지하는 말이 99%의 기적을 일궈낸 것입니다.
일전에 생물은 물론 미생물에게까지 사랑한다는 말, 지지하는 말을 했을 때, 상상할 수 없는 일이 벌어진 것을 본 일이 있습니다.
무슨 말일까요? 신뢰와 믿음의 지지가 얼마나 강력한 에너지인지를 증명해준 사례라 할 것입니다.
주님은 세 번씩이나 자신을 부인하며 저주했던 베드로를 찾아가셨습니다. 그리고 거기에 관해 묻지도 따지지도 않으시고 똑같이 세 번을 사랑하느냐? 라며 물으시며 그에게 신뢰와 지지를 확인시켜 주셨습니다. 그 일로 이후 어떻게 되었습니까? 베드로 사도는 사랑을 이렇게 고백했습니다.

"무엇보다도 뜨겁게 서로 사랑할지니 사랑은 허다한 죄를 덮느니라."_(벧전4:8)

툭 하고 건들면 사랑이라는 향기가 물씬 풍겨 나올 만큼의 사랑쟁이가 된 것이지요.

그렇습니다. 나이키도, 부모도, 주님도 약하디약한 것을 향한 사랑과 인내와 믿음의 지지를 붙들므로 걸작품을 만들어 낸 것이라 하겠습니다.

사랑하는 여러분!

우리 베드로가 되고, 우즈 선수가 되고, 1%를 넘어 99% 기적의 주인공의 자리로 나아갑시다. 걸작의 자리로 말입니다. 우리에겐 기다림으로 지지하시는 분이 계십니다. 할렐루야!

"너는 악을 갚겠다 말하지 말고 여호와를 기다리라 그가 너를 구원하시리라"_(잠 20:22)

"기다림은 약함이 아니라, 가장 강한 자의 침묵이다."_(톨스토이)
(Waiting is not a sign of weakness, but the silence of the strongest. _ Leo Tolstoy)

🌿 기도할 수밖에 없는 이유가 있습니다

우리에게 문제가 있다고 해봅시다.

그러면 일단 대체적으로 성경이 말씀하신 대로 기도하기 시작합니다.

그런데 문제는 당장에 응답이 없다는 것입니다. 그렇게 되면 사건의 경중에 따라 반응을 하게 되는데, 발등에 불이 떨어진 경우는 그냥 미쳐나가는 것입니다. 바쁘지 않은 건 그렇다 하더라도, 바쁜 건 좀 빨리 응답해 주시면 얼마나 좋을까 하며 어쩔 줄을 몰라 하는 것이지요. 결국 대부분은 기도의 자리를 떠나기 시작하는 것입니다. 그러면서 하는 말이 '안 돼!'라고 합니다.

그러나 미안하고 모진 말인지는 모르겠으나 당신의 때가 아니라 하나님의 때에 주심을 알아야 한다는 것입니다. 그래서 그때를 맞추지 못하면 평생 응답 없는 믿음 생활을 할 수밖에 없는 것이지요. 참 불행한 일도 이보다 더한 일은 없을 것입니다.

신자가 응답 없는 기도를 하고, 거기다 평생 하늘의 복을 누리지 못하고 산다는 것이 얼마나 비참하고 안타까운 일이겠습니까.

그러면 하나님의 때가 언제일까요?

그렇습니다. 하나님의 때는 저도 모릅니다. 다만 하나님만이 아실뿐입니다. 그러나 분명한 건 그때가 최상의 때라는 것만은 분명히 말씀 드릴 수 있습니다.

물론 내가 당장 죽을 판인데도 그렇습니다. 죄송한 말씀이긴 하지만 당신이 죽든 살든 그 상황과는 별개로 여하튼 하나님은 적절한 시기에 최상의 것을 주신다는 것입니다. 그와 같은 말씀이 성경에 쓰여 있으니 어찌하겠습니까!

"쉬지 말고 기도하라"_(살전5:17)

"너희가 악할지라도 좋은 것을 자식에게 줄 줄 알거든 하물며 너희 하늘 아버지께서 구하는 자에게 성령을 주시지 않겠느냐 하시니라"_(눅11:13)

이러니 그렇게 알고 기도할 뿐이겠지요.
또 하나, 기도할 때 아래와 같은 원리를 말씀하셨습니다.

"또 너희에게 이르노니 구하라 그러면 너희에게 주실 것이요 찾으라 그러면 찾아낼 것이요 문을 두드리라 그러면 너희에게 열릴 것이니 구하는 이마다 받을 것이요 찾는 이는 찾아낼 것이요 두드리는 이에게는 열릴 것이니라"_(눅11:9,10)

구하라   – (헬, αἰτεῖτε(아이테이테): 동등한 입장이 아니라 아랫사람이 윗사람에게 청함)

찾으라   – (헬, ζητεῖτε(제테이테): 구한 것을 위해 적극적으로 행동하라)

두드리다 - (헬, κρούω(크루에테): 때리다)

정리를 하면, 아랫사람이 윗사람을 향해 제발 좀 주세요. 와 같이 한없이 낮아짐으로 절박하게 구하라는 말씀이며, 기도했다면 골방이 아니라 이미 주셨기에 나가서 찾아와야 하는 행동, 적극적인 움직임을 말씀하는 것이며, 문은 열리라고 있는 것이니 열릴 때까지 두드리고 때려야 한다고 말씀하고 있는 것입니다.

그렇습니다. 간절함으로 찾고 찾아 응답될 때까지 기도해야 함을 말씀하시는 것이지요.

자, 그러면 그동안 우리의 기도는 어땠을까요?

받아 누렸나요? 아니면 그러지 못했나요? 인제 우리는 원리대로 구해야 할 것입니다.

그리고 한 가지 더 첨언해 드릴 것은 하나님의 때는 모르긴 해도, 우리의 잘못된 기도를 고치시는 과정이며 그 과정의 시간을 기다리시는 것일 겁니다.

사실 그렇지 않고서야, 자녀가 죽을 것 같은데 잠잠하실 이유가 없기 때문이지요.

사랑하는 여러분!

반드시 잊지 말아야 하는 것은 문은 반드시 열린다는 것입니다. 그러니까 열릴 때까지 가면 되는 것입니다.

특별히 누가복음 11장을 보면 열린다는 것을 강조하기 위해 9절의 말씀을 또 10절에 다시 쓰고 있음을 아시길 바랍니다.

그렇습니다. 문 앞에서 열림을 믿고 열심히 두드리고 때리고 부르짖고 찾고 야단을 피우라는 것이지요. 그러면 반드시 열린다는 것입니다. 따라서 그게 기도 할 수밖에 없는 이유라고 할 것입니다.

자, 그렇다면 이제 기도의 독종들이 돼 보도록 하십시다. 얍복강에서 하나님의 천사를 이기는 자처럼 말입니다. 할렐루야!

"내 이름으로 무엇이든지 내게 구하면 내가 행하리라"_(요 14:14)

"믿음은 기다림을 가능하게 하고, 희망은 기다림을 아름답게 한다."_(폴 트루니에)
(Faith makes waiting possible, and hope makes waiting beautiful. _Paul Tournier)

끝나야 끝난 것입니다

처칠의 좌우명이 "포기하지 마라. 절대로 포기하지 마라"라고 합니다.

사실 처칠의 좌우명은 실제 삶에서 처절하게 느낀 것을 말하는 것일 겁니다.

그렇습니다. 처칠은 1차 대전에서의 작전 실패, 그리고 2차 대전 동안 최고 정책을 진두지휘하며 승리를 이끌었기 때문에 그의 좌우명은 남다를 수밖에 없습니다.

요즘 커플들을 보면 상상을 초월합니다.

어제 만나서 성격이 맞지 않아 오늘 헤어진다는 것입니다. 진득한 사랑이야기를 찾기가 얼마나 어려운지 모릅니다. 집의 아이들을 봐도 그렇습니다. 만남과 헤어짐이라는 단어 자체를 인식하지 않고 사는 듯합니다. 그러니까, 만남과 헤어짐의 개념 자체가 없는 것이지요. 사실 그것에 관해 대화를 하다 보면 되레 제가 바보가 되는 느낌이 들 정도니 무슨 말을 하겠습니까!

인간관계에서 그러니 다른 삶의 영역은 보나 마나 할 것입니다. 특히 직장의 이직률을 보면 그것을 실감할 수 있습니다. 한마디로 오래 가지 못합니다. 물론 회사 경영상의 문제도 있지만 그보다도 그들이 가진 생각에 문제가 더 많은 것을 부인할 수 없습니다.

일전에 언론에 소개된 내용은 기가 찰 만큼 저로서는 충격적인 일이 아닐 수 없었습니다. 회사를 잘 다니고 있으면서도 항상 옮길 생각을 하고 다닌다는 것입니다. 그런 사람이 30%가 넘으니 취업난이 심각한 시대에 정말이지 기가 찰 일이 아닐 수 없습니다. 설령 그렇게 해서 옮긴다고 하더라도 거기는 오래 다닐 것이냐는 것인데 그것도 아니더라는 것입니다.

속된 표현으로 맨땅에 헤딩하다시피 해서 기업을 일으킨 오너들의 사례는 그야말로 달나라 별나라 이야기인 줄 아는 모양입니다. 가마솥은 없고 죄다 양은 냄비만이 널브러져 있는 모습에 안타까울 뿐입니다. 그러니 군대 가서도 적성에 안 맞는다며 전역 신청을 한다지 않습니까!

참 웃기고 기가 찰 일이 아닐 수 없습니다. 군대가 어디 적성에 맞는 곳입니까! 그들을 가만 보고 있으면 맞춰 나가려 하는 사람이 되레 정신이상자이거나 아니면 그와 같은 자로 보이기까지 한다는 것이지요.

그런 차원에서 오늘의 젊은이들은 이렇듯 뭐든지 끝까지가 안 되는 것입니다. 물론 전부는 아니겠지만 말입니다.

야구에서 하는 말이 있지 않습니까? 야구는 9회말 2아웃부터라고 말입니다.

무슨 말일까요? 끝까지 가야 뭐가 되어도 된다는 말이겠지요. 다 가지 않고 말하지 말라는 것입니다. 승부처가 거기라는 것이지요. 그래서 그곳에 이를 때까지 멈추지 말라는 이야기인 것입니다. 끝까지 가라는 말이지요.

오래전에 UEFA(유럽축구연맹) 챔피언스리그에서 결승행을 다투던 아약스와 토트넘의 경기는 마지막 승부에서 끝판왕의 예를 잘 보여주었습니다.

토트넘이 내내 끌려다니다 후반 들어 추격을 시작했는데 두 골을 따라잡았지만 한 골이 부족했습니다. 그러나 패색이 짙은 순간 경기 종료 1분을 남기고 한 골을 더 넣어 결승전으로 갔습니다.

참으로 기적과도 같은 일이 벌어진 것입니다. 현지 스포츠 언론도 이구동성으로 이와 같은 일은 드물어서 스포츠계에 오래오래 회자 될 거라고 입을 모을 정도였습니다. 분위기로 보나 시간상으로 보나 아약스가 이길 것으로 보았지만 그러나 아니더라는 것입니다.

한 골을 향한 집념 그것이 1분 남은 시간에도 전력할 수 있게 했던 거였고, 결국 1분은 기적을 만들어 낸 것입니다. 마치 2002년 우리나라와 이탈리아의 16강전을 보는 듯했습니다.

잉글랜드 프리미어리그에서도 맨체스터시티가 막판 뒤집기로 승점 1점을 앞서 승점 97점의 리버풀을 따돌리고 우승했던 것도 화제가 되었습니다.

그뿐 아닙니다. NBA(미 프로농구)에서도 또 하나의 진귀한 장면이 연출되었습니다. 이 경기 역시 결승으로 가기 위한 경기였습니다. 토론토 랩터스와 필라델피아 세븐티식서스의 플레이오프 7차전 경기였는데 90대 90으로 4쿼터 종료 버저가 울리기 직전 랩터스의 레너드가 슛! 결국 결승행에 올랐던 것입니다.

무슨 말일까요? 끝은 끝나봐야 안다는 것을 확인시켜 주는 일이라 하겠습니다.

사랑하는 여러분
어떤 누군가가 이렇게 말을 했습니다. 삶은 고통이라고 말입니다.
성경 역시 삶은 광야와 같음을 말씀하고 있습니다.
무슨 말일까요? 힘듦이라는 것입니다. 어렵다는 것이지요.
하지만 끝까지 가야만 가나안에 이르는 것처럼 포기하지 않고 끝까지 가야만 한다는 것입니다. 그렇게 할 때, 1분의 기적, 종료직전 던진 숯(버저비터)과 같은 기적을 맞볼 수 있다는 것이지요. 거기까지 가지 않으면 절대로 승리는 없다는 것입니다. 그래서 가마솥처럼 뭐든 진득하니 하라는 것입니다.

성경은 인내를 말씀합니다.

'환란은 인내를…' _(롬5:3~)

여기 인내라는 말은 (헬, ὑπομονή(휘포모네))입니다. 이 휘포모네는 동사 ὑπομένω(휘포메노)에서 유래한 여성명사입니다. 휘포메노의 의미는 "최후까지 남는다"라는 뜻이 있습니다.
그렇습니다. 끝까지 가라는 말씀이지요.
그리고 '인내를 온전히 이루라…' (약1:4~)
여기 온전히는 (헬, τέλειον(텔레이온))입니다. 즉, '끝'을 의미하는 (헬, τέλος(텔로스))에서 유래된 말이다.
정리하면, 인내 역시도 끝까지 가라는 말인데 즉, 더더욱 끝까지 가라는 말인 것입니다.
그렇습니다. 인내라는 단어는 끝까지 가지 않고는 말이 될 수 없다는 것을 말하는 것이지요.
사랑하는 여러분
우리는 불행하게도 모두가 쉽게 무너지고 절망하는 시대를 살아간다고 할 수 있습니다. 그러므로 이러한 시대에 중도에 멈추지 않고 끝까지 이루는, 그래서 끝판왕이 되어야 할 것입니다. 인내를 말씀하신 우리 하나님은 그것 원하시는 것입니다. 끝에서 역전을 이룰 때 우리 하나님이 얼마나 기뻐하시겠습니까! 생각만 해도 설레지 않습니까! 그렇습니다. 끝나야 끝난 것입니다. 할렐루야!

"나는 선한 싸움을 싸우고 나의 달려갈 길을 마치고 믿음을 지켰으니"_(딤후 4:7)

"위대한 일은 재능보다 끈기로 이루어진다."_(칼빈 쿨리지 (미국 제30대 대통령))
(Great achievements are not the result of talent, but of perseverance. _ Calvin Coolidge)

🌿 어깨를 펴고

일전에 읽었던 '12가지 인생의 법칙'이라는 책에 이런 글이 있었습니다. 어깨를 펴고 똑바로 걸어야 그래야 다른 사람들이 나를 무시하지 않는다는 그런 이야기였습니다. 참으로 공감이 가는 대목이었습니다. 사실 가슴을 펴고 자세만 바로잡아도 나 스스로도 뭔가 새로워지는 느낌이 드는데 바른 자세를 취한다면 보는 이가 함부로 하지 못하는 그런 모습일 것은 자명한 일이겠지요.

구부정한 어깨는 뭔가 병든 느낌이 든 모습이며 바르게 걷지 않는 걸음걸이 역시 뭔가 병든 모습입니다. 실제 병이 들지 않았다고 하더라도 보는 이에게 어딘가 불편한 마음이 들게 한다면 그건 유익하지 못한 모습이라 생각됩니다. 물론 장애우의 경우는 다르지만 멀쩡한 사람이 대낮에 술을 마신 것처럼 흐느적댄다면 문제가 있는 행동이 아닐 수 없겠습니다. 바른 정신은 바른 몸가짐에서 나오는 게 맞나 봅니다.

　12가지 인생의 법칙을 쓴 조던 B. 피더슨 교수가 삶을 살아가는 데 12가지 이상의 여러 법칙이 있을 거지만 다른 법칙도 아니고 바른 몸가짐을 가지는 것이 삶을 살아가는데 반드시 필요한 법칙으로 이야기한 것은 바른 자세가 얼마나 중요한지를 독자들에게 굳이 하고 싶었던 것 같습니다. 지금, 이 순간 여러분은 어떤 자세로 책을 읽고 있나요? 아님, 서점에서 책을 구매하기 위해 어떤 자세로 책방을 둘러보고 있나요? 어깨도 쭉, 가슴도 쭉 하고 한번 해보십시오, 한결 기분이 나아질 것입니다. 그러면 눈에 들어오는 책이 반짝 보일 것입니다.

　"하늘에 계시는 주여 내가 눈을 들어 주께 향하나이다"_(시 123:1)

　"당신이 자신을 어떻게 대하느냐가 세상이 당신을 대하는 방식이 된다."_(루신다 바셋)
(The way you treat yourself becomes the way the world treats you.

_Lucinda Bassett)

🌿 내 시각(視角)에 맞추려 하지 마세요

아주 오래전

신학생 때 일입니다. 열정적인 동창생이 병으로 사망을 했습니다. 그때 모두는 하나님이 계시는 거 맞나? 라며 가슴을 쳤었습니다.

그리고 언젠가 들기로 한 전도사의 동창생이 안수를 받고 사고로 사망을 했던 가 봅니다. 그때 모두는 하나님이 계신다면 이럴 순 없다며 통곡했다고 했었습니다.

사실 그뿐이겠습니까?

역사 이래 수많은 전쟁과 사건과 사고가 있었을 때, 동서고금을 막론하고 사람들은 하나같이 하나님은 정말 계시는가?

정말이지 하나님이 살아 계신다면 이럴 순 없다. 라며 하나님을 부인하고 하나님을 떠난 일도 허다할 것입니다.

우리 역시 그러지 않습니까?

정말이지 하나님이 살아 계신다면 내게 이럴 순 없다고 말입니다.

주말에 '사바하'라는 영화를 보았습니다.

이 영화는 2015년 개봉한 '검은 사제들'이라는 영화감독인 장재현 감독이 만든 영화입니다. 이 영화는 '검은 사제들'이라는 영화와는 달리 이번엔 개신교 신자의 시선으로 본 종교 영화였습니다. 영화 전체 내용은 소개하지 못하니 양해 바랍니다. 거기에 나오는 주인공 이정재(박 목사) 씨가 시작과 끝에 읊조리는 대사가 있습니다.

"신이시여, 어디 계시나이까? 우리는 이렇게 지지고 볶는데 왜 신은 가만히 계실까? 어디에 계실까?"

무슨 말일까요?

하나님이 살아 계신다면 이럴 순 없다. 하나님은 없지 않은가! 라는 의미를 에둘러 표현한 것입니다.

그렇습니다. 사람들은 전부 하나님이 살아계신다면 이럴 수 있는가? 라는 말로 상황을 이해하려 하고 결국 하나님을 떠남에 있어 작위적인 합리화를 확보하는 것이지요. 그것은 창조 때부터 지금까지 그랬습니다. 물론 앞으로도 그럴 것입니다.

성경을 보세요.

"기드온이 그에게 대답하되 오 나의 주여 여호와께서 우리와 함께 계시면 어찌하여 이 모든 일이 우리에게 일어났나이까 또 우리 조상들이 일찍이 우리에게 이르기를 여호와께서 우리를 애굽에서 올라오게 하신 것이 아니냐 한 그 모든 이적이 어디 있나이까 이제 여호와께서 우리를 버리사 미디안의 손에 우리를 넘겨주셨나이다. 하니"_(삿6:13)

무슨 말이겠습니까?

역시 여기서도 하나님이 계신다면 우리에게 이럴 순 없다는 기드온의 고백인 것입니다.

사랑하는 여러분,

그럼에도 하나님은 살아 계십니다. 200도 안 되는 알량한 우리의 IQ로 천지를 말씀으로 지으신 분을 이해하려 해서는 안 되는 것이지요. 그럴 수도 없고 단지 우스울 뿐입니다.

한계가 있는 우리 생각 안으로 광대한 하나님을 끌어드릴 수도, 어떻게 할 수도 없음을 아셔야 합니다. 참으로 가소로울 뿐입니다.

그분은 초월자이십니다. 그러니 비초월자인 우리의 생각은 그만 내려놓고 그냥 잠잠히 있어야 할 것입니다. 어쩔 수 없는 것입니다. 그분은 우리와 다르기 때문이지요. 그것을 인정하지 않으니 자꾸만 하나님이 있니? 없니? 하는 것입니다.

굳이 그분의 부재를 이해하시려면, 기드온이 간과한 것을 살펴보십시오. 기드온이 간과한 것이 무엇입니까?

> "이스라엘 자손이 또 여호와의 목전에 악을 행하였으므로 여호와께서 칠 년 동안 그들을 미디안의 손에 넘겨 주시니" _(삿6:1)

그렇습니다.

하나님이 잠잠하시다는 것은 그들의 죄악 때문이라는 것이지요. 그러니 하나님 계시다, 안 계시다 하지 말고 하나님이 내 삶 가운데

없다고 느낄 때 적어도 나의 삶을 돌아볼 줄 알아야 할 것입니다. 악에 눈먼 자들이 하나같이 하는 이야기를 들어보십시오.

> "너희가 말로 여호와를 괴롭게 하고도 이르기를 우리가 어떻게 여호와를 괴롭혀 드렸나이까 하는도다 이는 너희가 말하기를 모든 악을 행하는 자는 여호와의 눈에 좋게 보이며 그에게 기쁨이 된다 하며 또 말하기를 정의의 하나님이 어디 계시냐 함이니라"_(말 2:17)

> "악인은 그의 교만한 얼굴로 말하기를 여호와께서 이를 감찰하지 아니하신다 하며 그의 모든 사상에 하나님이 없다 하나이다"_(시 10:4)

이렇듯 하나님이 계시지 않다고 하는 자들의 공통점은 하나같이 하나님 곁을 이미 떠난 자들입니다. 그러기에 그들은 하나님을 볼 수도 느낄 수도 없는 것입니다. 그러므로 하나님이 없다고 하는 자들은 하나같이 악인이라는 결론이 되는 것입니다.

작가나 영화감독은 작품을 통해 자신이 의도하는 바를 드러냅니다. '사바하'의 정재현 감독은 모 일간지와의 인터뷰 마지막에서 유럽의 고대 라틴어와 뿌리를 같이하는 인도, 유럽어 계통의 산스크리트어로 소원 성취를 의미하는 "사바하"라는 말을 사용했다고 했습니다. 인간적 냄새가 확 풍기는 단어가 아닐 수 없습니다.

여기서 영화감독의 신앙을 규명하고 싶지는 않습니다. 하지만 불신하는 자가 하나같이 고백하는 말은 "하나님이 계신다면 이럴 순 없다"라는 말을 영화감독 역시도 에둘러 똑같이 하고 있음이 불편할 따름입니다.

사랑하는 여러분,

'하나님 없다'라고 말하지 말고 먼저 우리 자신이 하나님 떠난 삶은 아닌지 그것부터 규명해 보아야 하겠지요. 그게 순리며 바른 진단일 것입니다.

하나님은 오늘도 시퍼렇게 눈을 뜨고 계십니다. 하늘을 올려다보십시오. 시퍼렇습니다.

왜냐구요? 하도 교만하니 그렇게라도 하시는 것이지요.

여하튼 제발 하나님을 우리 시각(視角)에 맞추지 말아야 하겠습니다. 절대 될 수 없는 일이기 때문입니다.

> "형제들아 너희는 삼가 혹 너희 중에 누가 믿지 아니하는 악한 마음을 품고 살아 계신 하나님에게서 떨어질까 조심할 것이요"_(히 3:12)

> "하나님은 죽은 철학 속에 있는 분이 아니라, 지금 이 순간에도 살아 계셔서 말씀하시는 분이다."_(A. W. 토저)

(God is not confined to dead philosophy—He is alive and still speaking today. _A. W. Tozer)

🌿 피아노 건반은 흰색과 검은색으로 되어있습니다

피아노 건반은 흰색과 검은색으로 되어있습니다. 그렇습니다. 피아노의 명품 연주는 흰 건반과 검은 건반이 어우러져 명품, 명곡을 만들어냅니다. 흰 건반만으로는 안 됩니다. 물론 검은 건반만으로도 안 됩니다. 둘이 어우러져야 하는 것입니다.

인생을 다 살았다고 가정해 봅시다. 뒤를 반추한다면 좋은 일, 궂은일이 수없이 교차하며 새끼처럼 꼬여 있음을 발견할 수 있을 것입니다. 그렇습니다. 그게 인생인 것입니다. 누구나 동일한 모습일 것입니다. 있는 자나 없는 자나 건강한 자나 약한 자나 죄다 같은 형태의 새끼줄의 모습을 한 인생사일 것입니다.

그러기에 지금 살아감에 힘겨워 포기하고 싶다는 생각은 멀리해야 할 것입니다. 새끼줄을 엮으며 살아가고 있기 때문입니다. 피아노의 건반을 두드리고 있는 겁니다. 그러니 지금의 어려움을 기꺼이 감당하시는 삶을 살아가셔야 하지 않을까요? 그러면 때가 될 때 명품과 명곡의 인생이 될 것입니다.

기억하세요. 새끼줄이 여러 가닥으로 배배 꼬여 있는 것처럼 피아노도 절대 흰 건반만으로는 곡을 쓸 수도, 곡을 연주할 수도 없다는 사실 말입니다. 함께 어우러져야 한다는 사실 말입니다. 내 삶의 검은색 건반이 있습니까? 우리 가족 중에 흰색 건반이 있습니까? 모두 품으시길 바랍니다. 그래야 노래가 되든 연주가 되든 뭐가 되어도 되는 것입니다.

"슬픔은 검은 건반 같고 기쁨은 흰 건반 같지만, 모두 함께 있어야 인생이라는 멜로디가 완성된다."_(작자 미상)
(Sorrow is like the black keys, and joy is like the white keys, but only together do they create the melody called life. _Unknown)

피아노

피아노는
흰 건반(白鍵)만으로는 노래하지 않는다
검은 건반(黑鍵)만으로는
하늘의 선율을 담지 못한다
가끔은 낮고
가끔은 날카로운
음의 다툼처럼 들릴지라도
흰 것과 검은 것
그 다름이
조화(調和)를 이루는 순간
비로소 음악(音樂)은 시작된다

흰 건반은 많고
검은 건반은 적다
하지만
흰 건반만으론
기쁨도 슬픔도
온전히 그릴 수 없다
한쪽이 빠지면

곡은 울퉁불퉁하고
멜로디는 휘청인다
약한 소리,
낯선 음도
함께일 때
작품(作品)은 살아난다

우리 삶도 그렇다
빛만 있는 날은 없고
그늘만 있는 시간도 없다
서로 다른 우리가
함께 살아가며
서로의 틈을 채워줄 때
한 사람의 이야기(物語)가
한 곡의 노래가 된다

주님(主)께서
우리 하나하나를
건반처럼 누르실 때
흰 자도, 검은 자도
모두 그분의 손 안에서
아름다운 하모니가 된다

그래서 피아노는
결코 혼자 울지 않는다
흰 건반과 검은 건반
약한 음과 강한 음
함께 울고
함께 쉰다
그것이 음악이요
그것이 사랑(愛)이요
그것이 공동체(共同體)다

🌿 토르에 관한 이야기

저는 영화를 자주 봅니다. 영화마니아 수준은 아니지만 주말마다 한 편 정도는 꼭 보는 편입니다. 그도 그럴 것이 픽션이기는 하지만 목회자로 세상과의 만남에 있어 또 다른 만남의 공간이기도 하고 나름 스트레스도 날려 보낼 수 있기 때문입니다. 그리고 또 하나의 묘미가 있다면 그 영화의 감독이 하고 싶은 메시지가 뭘까 하며 그것을 찾아 말씀과 연결시키는 그런 일일 것입니다.

한 번은 어벤져스 시리즈 가운데 마지막 편을 보았는데 결론부터 말씀드리면 완전히 실망했습니다. 물론 외화 영화로 아바타를 넘어 흥행 1위를 한 영화이긴 하지만 다른 사람들은 모르나 저는 여간 실망을 하지 않을 수 없었습니다.

마지막 총력전을 펴는데 물론 액션은 두말할 것도 없이 시원했지만 토르가 칼 같은 것을 들고 싸우는 것입니다. 순간 감독이 어떤 생각으로 저런 설정을 했지? 할 만큼 단박에 그런 생각이 든 것입니다. 이후 토르는 다시 망치를 들고 싸우기도 합니다만 참 아쉬운 건 토르에게 왜 그런 설정을 했는지 아쉬울 뿐이었습니다. 토르에게는 처음부터 맞는 것은 망치인데 말입니다.

감독은 무슨 수를 써서라도 토르에게 잃어버린 망치를 빨리 손에 쥐여주어야 했습니다. 처음부터 토르는 망치를 들고 나타난 사나이로 그의 캐릭터와 잘 맞았고 또 그런 인상을 지니고 있기 때문에 다른 무기를 들고 설쳐댄다는 것은 아무리 잘 싸워 이긴다 해도 별로 의미가 없는 것입니다.

　토르는 무조건 자신의 그 묵직한 사각망치만이 들어야 하는 것입니다. 망치하면 토르, 토르하면 망치로 이미 관객들 뇌리엔 그렇게 각인되어 있기 때문이지요.

　그러고 보면, 우리의 모습도 그와 같은 원리로 돌아 볼 수 있을 것입니다. 하나님이 주신 자기 것, 내가 가장 잘하는 것, 내게 가장 잘 어울리는 것, 누구나 지지하는 그런 것, 그런 것을 붙들고 우리 자리를 지켜야 하는 것입니다. 다른 사람들이 든 그것이 멋있어 보여 내 것 버리고 그것 붙들어서는 안 된다는 것입니다.

　우리는 그런 유혹에 시달리며 살다시피 하지 않습니까? 그러나 그렇게 하면 성공할 수 없고 설령 성공을 거둔다 해도 별로 만족스럽지도, 유익하지도 않을 뿐 아니라 주위의 지지도 받지 못할 것입니다.

　그렇습니다. 하나님이 주신 내 것, 내 자리가 내게 가장 잘 맞습니다. 그것을 벗어나면 어떤 능력도 발휘할 수 없습니다. 처음부터 나의 자리 그것 붙들고 승부 건다면 멋진 승부가 날 것입니다. 그렇지 않고 내 것 아닌 엉뚱한 붙들고 나가면 그건 능력 발휘가 아니라 죽으러 가는 것일 뿐이지요.

　그러므로 자기 것 잘 찾아 그것 굳건히 붙드는 그런 삶을 살아야 하겠습니다. 잊지 마십시오! 토르에겐 망치입니다. 망치하면 토르라는 말이지요.

"이 복음을 위하여 그의 능력이 역사하시는 대로 내게 주신 하나님의 은혜의 선물을 따라 내가 일꾼이 되었노라"_(엡 3:7)

"자신의 자리에서 충실히 사는 것이야말로 세상을 지탱하는 힘이다."_(톨스토이)
(To live faithfully in one's own place that is the very force that upholds the world. _Leo Tolstoy)

🌿 천천히라도 끝까지 가면 됩니다

터널은 끝이 있습니다. 아무리 길어도 끝이 있기 마련입니다. 그러니 사람들이 차를 타고 들어가는 것입니다. 끝이 없다면 누가 거기로 들어가겠습니다. 처음 가는 사람이나 늘상 다니는 사람도 터널의 끝이 있다는 사실을 믿고 있습니다. 그러나 간혹 처음 들어갔는데 끝이 보이지 않는 터널을 만나면 답답하기도 하고, 달리다가 이쯤이면 끝이 희미하게나마 보일 법한데 전혀 그런 낌새가 없으면 이런 말은 합니다. '참 길다.' 라고요.

그런 것 같아요. 사람은 한계가 있는 존재라서 그런지 뭔가 목표라든가 끝 지점이 분명하게 보이는 것을 좋아하나 봅니다.

마라톤 이야기는 많은 것을 느끼게 합니다. 특히 마의 구간인 35km 지점에서는 만감이 교차한다고 하지요. 끝이 보이는 것도 아니고, 그렇다고 여기서 그만둘 수도 없는 그야말로 진퇴양난의 상황과 맞닥뜨린다고 합니다. 왜 그렇습니까? 끝이 보이지 않기 때문이지요. 그러나 실상은 끝이 있는 줄 알면서도 그렇습니다.
　그러나 기어서라도 움직인다면 언젠가는 결승점에 도달할 것이지만 멈춘다면 긴 터널과 같은 곳에서 빠져나오지 못하는 것과 같은 것이지요.

　그런 말이 있습니다. 하루 중에 가장 어두운 때가 언제인가? 라고 말입니다. 독자 여러분들은 언제라고 생각하십니까? 새벽이라고 저는 압니다만. 그렇습니다. 동쪽 하늘에서 붉은 태양이 막 솟아오르기 바로 직전 그러니까 새벽녘을 말하는 것입니다. 그 시간이 가장 어둡다고 합니다. 그러나 그것도 잠시입니다.
　무슨 말씀입니까? 끝이 있다는 그런 말이겠지요. 칠흑의 어둠이 물러가고 환한 아침이 곧 된다는 것이지요. 어떻게요? 잠시 있다가 말입니다. 지구가 멈추지 않는 이상은 말입니다. 움직이면 반드시 칠흑의 새벽에서 광명한 아침을 맞이하게 되는 것이지요. 그야말로 지구가 기어가는 수준이라고 해도 움직인다면 말입니다.

　그런데 성경은 속도에 관심이 없는 듯합니다. 성경은 바름에, 옳음에 관심 있고 거기다 더해 인내에 관심이 있는 것 같습니다. 그런 삶의 대표가 욥이 아닐까 합니다. 욥기는 속도가 아니라 온통 피조물이 창조주 앞에서의 옳고 그름의 이야기, 그리고 인내의 이야기로 구성되어 있습니다.

그런 것 같습니다. 우리가 이 땅을 살아갈 때, 한 가지 원리는 어떤 난관과 고난이 있다고 할지라도 그것을 극복하려 끝까지 인내하면 대부분 극복 할 수 있다는 것입니다. 왜냐하면, 고난 역시도 끝이 있기 때문이지요. 생각해 보십시오. 인생에서 고난만 있다면 어떻게 살 수 있겠습니까? 물론 개인적인 길고 짧음의 차이는 있겠지만 말입니다.

그래서 성경은 마지막에 소망을 이루는 줄 앎이로다. 라고 말씀하는 것입니다. 그러니 멈추지만 않는다면, 포기만 하지 않는다면 우리는 결승지점, 소망의 나라에 도달할 것입니다. 언젠가는 반드시 말입니다.

> "이 묵시는 정한 때가 있나니 그 종말이 속히 이르겠고 결코 거짓되지 아니하리라 비록 더딜지라도 기다리라 지체되지 않고 반드시 응하리라"_(합 2:3)

> "천천히 가더라도 멈추지 않기만 하면 된다."_(공자)
> (It does not matter how slowly you go as long as you do not stop. _ Confucius)

🌿 다양하게 조화롭게

창조물을 봅니다.

다양합니다. 너무 다양해서 그냥 '다양하다'라는 표현 외엔 달리 표현할 말이 없습니다.

그뿐이 아닙니다. 다양하면서도 조화롭습니다. 너무 조화로워 그냥 '조화롭다'라는 표현 외엔 달리 표현할 말이 없습니다.

성경에는 사람 역시도 신묘막측하다는 표현을 씁니다.

그야말로 기가 막히다 라는 말이지요. 다양함과 조화로움의 완벽함이라 할 것입니다.

그런데 다양한 것은 조화로움을 전제로 하고 있습니다.

다양함에 조화로움이 없다면 무법천지가 되기 때문이지요. 그래서 우리 하나님을 일컬어 인간들의 궁색한 표현이지만 질서의 하나님이라고 종종 그렇게 이야기합니다.

다양함에 질서를 통한 조화! 이것은 우리 하나님만이 하실 수 있는 영역입니다.

교회에 식물을 두고 있습니다.

이곳저곳에서 선물로 보내온 것들입니다.

평소 식물에 관해 문외한이라서 처음엔 키울 수 있겠나 했다가, 죽으면 나도 모르겠다는 마음을 먹고 1~2년을 그렇게 대충(?) 키웠습니다.

그러나 결국, 식물은 문외한 이의 무지함을 견디다 못해 죽기 시작했습니다. 한 달 사이 벌써 3종류의 식물이 마르거나 뿌리가 퉁퉁 부어 죽었다.

물을 많이 줘도 문제, 물을 적게 줘도 문제, 물을 적당히(?) 줘도 문제, 그래서 꽃집 사장님을 찾아가 물어보았습니다.

"산세베리아가 잘 크다가 왜 죽는지 모르겠습니다."
"물을 줘서 죽었을 겁니다."
"…"

순간 화가 났습니다.
물을 많이 주든, 적게 주든, 녀석들이 스스로 알아서 필요한 만큼 취하면 될 것을…
냅다. 주는 대로 그냥…

적게 마시는 녀석, 많이 마시는 녀석, 겨울에 피는 녀석, 여름과 봄에 피는 녀석, 가을에 지는 녀석, 가을에 또 피는 녀석, 더위를 좋아하는 녀석, 시원함을 좋아하는 녀석…
그래요. 하나님의 다양성을 따라 식물과 같이 지음 받은 피조물인 제가 무슨 말 하겠습니까!
그렇습니다. 이렇게 우둔한 자가 신묘막측하다고 표현한 사람을 어떻게 알겠습니까만, 하나님은 우리 한 사람 한 사람을 매우 잘 아십니다.

　기도에 늦게 응답해줘야 할지, 빨리 응답해줘야 할지 하나님은 사람마다 사안마다 너무도 잘 아십니다. 그러니 우리는 아무 말도 하지 못하는 것입니다.

　식물을 보십시오.
　물을 주면 좋을까 봐주었더니, 주는 대로 빨아 당겨 뿌리와 몸통이 퉁퉁 불어 넘어지고 마는 것을 말입니다.

　사랑하는 여러분,
　그렇습니다. 같은 원리라고 생각합니다.
　하나님께서 한 사람 한 사람에게 기도응답으로 주신 때는 그때가 가장 적당한 때임을 알아야 합니다. 그러니까, 그 사람에게 꼭 맞는 시기에, 때에 따라 정확하게 주신 것입니다. 그러니 불평이나 아쉬움은 하지 말아야 하는 것이지요. 그냥 감사할 따름이겠지요.
　그러기 때문에 하나님의 이와 같은 주심의 원리를 아는 사람은 언제나 감사할 수 있는 것입니다. 왜 그럴까요? 늦어도 좋은 것이고, 빨라도 좋은 것이기 때문이지요.

　잊지 마시기 바랍니다.
　더 주면 알아서 취사선택할 것 같지만, 죄송한 말씀이지만 아닙니다. 주는 대로 취해서 뿌리까지 퉁퉁 불어 넘어지고 자빠짐으로 무너지는 게 인생입니다.

그러니 그냥 그 자리에서 하나님만 바라보며 때에 따라 주시는 대로 받아 사는 '주바라기'가 가장 좋은 삶인 것입니다.

천편일률은 창조 질서에 맞지 않습니다. 다양성입니다. 그래서 상황이 다 다르기에 기도 응답도 다양하게 임하는 것은 당연한 것이지요. 그게 원리이기 때문입니다. 아주 적당한 때, 조화로움의 때 말입니다.

그러니 다른 이와 같이 무작정 달라고 하는 그런 기도는 바람직하지 않은 것입니다. 또한 내가 원하는 시기에 달라고 하는 것도 바람직하지 않은 것입니다. 응답이 늦어질 때 아직 우리의 때가 아님을 붙들 줄 알아야 하는 겁니다. 우리를 향한 하나님의 때가 반드시 있습니다. 그러니 더 달라! 빨리 달라는 기도는 대책 없이 무너짐을 달라는 것과 같은 것입니다.

"범사에 기한이 있고 천하 만사가 다 때가 있나니" _(전 3:1)

"성공은 기회를 기다리는 자가 아니라, 때를 아는 자에게 온다."_(나폴레옹 힐)
(Success comes not to those who wait for the opportunity, but to those who recognize the right time. _Napoleon Hill)

🌿 휴대전화기 충전은

휴대전화기 충전은 완전히 바닥까지 사용한 후 재충전해야 오래 쓸 수 있다고 합니다. 그 이유는 제가 알 수 없지만 하나님이 우리를 쓰실 때를 보면 같은 원리이지 싶습니다. 남아 있는 에너지는 변질된 가능성이 있어 그것을 완전히 소진해서 다시 새로운 것으로 채우는 게 기기에 좋은가 봅니다.

우리 역시 그렇잖아요. 하나님은 우리를 쓰실 때 보면 우리 것 남아 있으면 쓰시질 않아요. 완전히 번아웃 지경까지 코너에 몰아 완전히 기진맥진해 기존 가지고 있던 에너지가 완전히 소진된 후 비로소 우리를 부르십니다.

요셉의 쓰심이 그랬고 모세의 쓰심이 그랬습니다. 그뿐 아닙니다. 이삭이 태어난 사건을 들여다보면 더더욱 그것을 알 수 있습니다. 인간 편에서 아무것도 할 수 없을 때 일하신 것이죠. 그래서 이삭은 복이지만 이스마엘은 저주와 같은 일이 되고 말았습니다.

갈멜산 꼭대기의 승승장구한 엘리야를 보십시오. 그 기세를 몰아 쓰시지 않고 번아웃 되게 하십니다. 이상하지 않은가요? 이세벨이 그 순간 갑자기 등장한 것도 아닌데 그 여자가 협박한다고 겁을 먹고 도망가 인제 저를 죽여 달라고 고백하는 모습을 보세요.

모르긴 해도 하나님은 엘리야를 다시 쓰시기 위해 우리가 느끼지 못하는 뭔가 인간의 것을 소멸하기 위한 일련의 일이 아닐까 합니다. 그렇지 않고야 어찌 그와 같은 일이 자연스레 일어나겠습니까! 수백의 바알 선지자들을 직접 쳐 죽인 엘리야가 말입니다. 그렇게 볼 때 엘리야는 이후 왕을 세우고 자신의 후계자를 세우는 그런 일을 더 감당하기 위해 외딴곳에서 번아웃 상태로 하나님의 세미한 음성을 들어야 했던 것 같습니다.

그리고 보면 주의 일 하다 번아웃 되는 일은 인제 곧 다시 쓰임 받을 수 있는, 또 다른 은혜를 누릴 수 있는 기회라 하겠습니다. 그러니 범사에 감사하라고 한 것이겠지요. 왜냐하면 은혜가 아닌 게 없기 때문입니다. 할렐루야! 부디 우리 힘 있을 때 절대 쓰임 받지 못한다는 원리 굳건히 붙드시길 바랍니다.

"번아웃은 실패가 아니라, 하나님께 돌아가야 할 신호일 뿐이다."_(헨리 나우웬)
(Burnout is not a sign of failure, but a signal that it's time to return to God. _Henri Nouwen)

"벼랑 끝에 서 있을 때, 어떤 이는 추락을 걱정하지만, 어떤 이는 날개가 생긴다."_(레슬리 브라운)
(When you are standing at the edge of a cliff, some fear the fall, but others discover they have wings. _Les Brown)

🌿 틀림이 아니라 다름을 알아야 합니다

수많은 사람의 얼굴을 보세요. 아무리 닮았다고 해도 똑같은 얼굴은 없습니다.

보이는 얼굴도 그런데 하물며 보이지 않는 마음이야 얼마나 다르겠습니까? 그러니 다름이 아니라 틀렸다고 하는 순간 나 역시 틀렸다고 인정하는 꼴이 되고 맙니다. 틀림이 아니라 다름을 인정하면 그때부터 상대가 보이기 시작한답니다.

> "너희는 눈을 높이 들어 누가 이 모든 것을 창조하였나 보라 주께서는 수효대로 만상을 이끌어 내시고 그들의 모든 이름을 부르시나니 그의 권세가 크고 그의 능력이 강하므로 하나도 빠짐이 없느니" _(사40:26)

> "차이가 있어야 조화가 생기고, 조화가 있어야 아름다움이 탄생한다." _(파울로 코엘료)
> (Difference creates harmony, and harmony gives birth to beauty. _ Paulo Coelho)

🌿 참 생명의 진귀함은 경이롭습니다

겨울은 물러갔지만 아직도 아침저녁으로 싸한 기온의 이른 봄인데 이름 모를 야생초가 보도블록 사이를 뚫고 올라왔습니다. 무엇이 그리 급했는지 아니면 겨우내 답답해서인지 아니면 생명으로 제일 먼저 하나님을 찬양하기 위함인지 이름 모를 기름진 푸른 야생초는 그렇게 길가 보도블록 한복판에 머리를 쑥 내밀었습니다.

겨우내 헬스를 다니며 체력을 단련했지만, 봄기운이 완연한데도 여전히 움츠러든 저에게 야생초는 큰 도전이 아닐 수 없습니다. 그러고 보면 제가 가진 체력은 체력도 아닌가 봅니다. 어쩌면 온실에서 자란 화초처럼 유약한 가 봅니다. 그러니 저토록 힘찬 모습으로 머리를 내민 야생초만도 못하겠지요.

하나님은 오늘도 척박한 환경 가운데 머리를 들고 일어난 야생초를 통해 생명의 경이로움을 말씀하시는 것 같습니다. 혹여 우리 몸은 그렇다고 하더라도 우리 안에 있는 영은 어떤지 돌아보아야 하겠습니다. 죽어있지는 않은지, 기진해서 쓰러져 있지는 않은지 말입니다.

우리의 영이 저기 저 보도블록을 뚫고 머리를 내민 야생초처럼 영롱하게 빛을 발산한다면 우리 하나님이 얼마나 기뻐하실까요. 부끄럽기도 하고 죄송하기도 하고 우리의 속마음만은 심각하게 돌아볼 일입니다.

"그러므로 네 속에 있는 빛이 어둡지 아니한가 보라" _(눅 11:35)

"잡초란, 아직 그 가치를 발견하지 못한 식물일 뿐이다."_(랠프 왈도 에머슨)

(A weed is simply a plant whose virtues have not yet been discovered. _Ralph Waldo Emerson)

🌿 영화 교회 오빠가 주는 감동은…

영화 교회 오빠가 주는 감동을 하나 이야기한다면 살고자 하는 의미에 관한 이야깁니다. 이관희 집사님이 더 살고 싶은 이유에 대해 이렇게 말했습니다. 은주를 더 사랑해 주고 싶기 때문이라고 말입니다. 그동안 너무 사랑해 준 게 없어서 미안해서 그래서 더 사랑해 주고 싶다는 것입니다.

여러분은 어떻습니까? 이관희 집사님의 말이 가슴에 전해져 오십니까? 어떠세요?

사실 그 대사를 듣는 순간 그렇다는 생각뿐이었지 그다지 느껴지는 바는 없었습니다. 그런데 영화 후반부로 가면서 이관희 집사님의 남은 삶이 얼마 남지 않음에 아까 그 말이 가슴으로 절절히 느껴지기 시작했습니다.

실화인 그들의 삶을 보면서 진짜 다정하고, 부러울 만큼 진짜 사랑하며 산다고 느껴졌습니다. 사랑이 차고 넘치는 그런 가족이었습니다.

그런데 사랑을 더 해주지 못해서라는 말은 저의 마음을 깊이 눌

러왔던 것입니다. 곧 떠나야 하는 관계, 영영 헤어져야 하는 관계, 두 번 다시는 볼 수 없는 세계로 떠나야 하는 기로에 선 이관희 집사님은 뭔가 너무너무 미안한 것, 부족한 것을 느낀 것입니다. 그것은 아내에 대한, 자녀에 대한 사랑 그것이었습니다.

마지막 떠나는 순간 마구마구 퍼부어 주고 싶은 사랑의 감정, 이관희 집사님은 그것을 고백했던 것입니다. 영화관을 나서며 아내에게 저도 "마구마구 사랑을 쏟아줄게."라며 멋쩍게 한 말에 아내는 금세 붉어진 눈시울을 얼른 돌렸습니다. 그 모습에 저 역시 속에서 왈칵 북받치는 감정에 얼른 고개를 돌렸습니다. 쑥스럽기도 하고 미안하기도 하고 해서…

그런 것 같아요. 평소 풍성함을 누리고 산다면 그와 같은 말에 별 반응이 없을 것인데, 영화 속 이관희 집사님의 말처럼 언제나 주는 이도 받는 이도 결핍으로 살아가고 있는 것이 우리 인간인 것 같아요. 그러니 그와 같은 말에 민감하게 그것도 아주 격하게 반응하는 것이 아닐까 싶습니다. 그래요. 우리 다시 사랑하며 살아갑시다.

좀 더 주고 좀 더 나누고 하는 그런 삶 말입니다. 그리고 잊지 말 것은 언제나 풍성하고 충만한 하나님을 굳건히 붙드는 결단도 잊지 말아야 하겠습니다. 우리 같이 바로 고백해 볼까요? 아주 많이 사랑해 줄게요.

"채소를 먹으며 서로 사랑하는 것이 살진 소를 먹으며 서로 미워

하는 것보다 나으니라"_(잠 15:17)

"사랑은 두 사람이 함께 있어도 그립고, 떨어져 있으면 더 아픈 것이다."_(작자 미상)

(Love is missing someone even when you're together, and hurting even more when you're apart. _Unknown)

제 5 장

지침이 없는 이야기

인내(忍耐)의 시간

말하지 않아도
알 것 같은 시간들이 있습니다.
정적(靜寂) 속에 쌓여가는
눈물의 무게,
그것을 우리는
'인내(忍耐)'라 부릅니다.

기도(祈禱)는 깊어지고,
기다림은 길어지며
때로는 하나님조차
너무 조용하십니다.
하지만,
그 침묵(沈默) 속에도
주는 일하고 계십니다.

보이지 않아도
믿는 자에게는
그분의 섭리(攝理)가
가장 깊은 곳에서 움직이고 있습니다.

인내(忍耐)란
그냥 참는 것이 아니라
믿고 기다리는 것입니다.
끝까지 주를 의지하는
신앙(信仰)의 고백입니다.

오늘도 나는
한 걸음씩
십자가(十字架)를 지고 걷습니다.
때가 되면 꽃 피우리니-
그날까지
나는 이 침묵의 시간도
예배합니다.

인내(忍耐)는 헛되지 않으리니,
주께서 반드시
빛 가운데
응답(應答)하실 것입니다.

🌿 또 하나 이김의 원리

일전에 말씀드렸던 80세 노모가 다쳤다는 이야기를 기억하실 겁니다.

지금 생각해도 아찔합니다. 갈비뼈 여섯 개가 부러지는 상상하기 싫을 만큼 많이 다치신 일이어서 두 번 다시는 그런 일이 없기를 바랍니다.

그런데 치료과정에서 회복의 원리를 보게 되었습니다.

의사 선생님은 다른 처방은 하지 않으시고 가슴을 최대한 펴고 폐활량을 높이도록 하는 방법만 종용하듯 하셨습니다.

아파도 타협하지 않았습니다. 거침이 없었습니다. 옆에서 볼 때는 당장은 황당한 일이 아닐 수 없었습니다. 뭐 저런 의사가 다 있나 할 정도였으니까요.

무통주사를 놓아 폐를 부풀게 해 부러진 갈비뼈를 밖으로 밀어내야 하는 과정이긴 하지만 옆에서 보기에 죽을 맛이었습니다.

의사 선생님 말씀은 수술은 노모에게 위험하니 가슴을 펴고 폐를 이용해 부러진 뼈를 안에서 밖으로 내미는 게 최선의 치료방법이라고 했습니다. 나름은 이해가 되지만 80세 노모의 고통은 상상을 초월한 일이 아닐 수 없었습니다.

그런데 그렇게 일주일 경과 후 환자는 걸어 다닐 만큼 나아진 것입니다. 일주일 단위로 외래만 하면 될 만큼 나은 것입니다. 80세

노모의 부러진 갈비뼈 여섯 개! 기적이 일어난 것입니다.

여러분, 나음의 원리가 무엇일까요?

그렇습니다. 상처가 났을 때 뭐든 움츠러들지 않아야 한다는 것입니다.

특별히 하나님의 백성들이 삶에서 사단의 궤계로 말미암아 실패했다면, 그래서 상처가 났다면, 의기소침의 모습이 아니라 반듯하게 가슴을 펴고 다시 십자가를 붙들어야 한다는 것이지요. 그게 이기는 길이라는 것입니다.

사단은 우리가 다시 일어나지 못하는 것을 원합니다. 그래서 의기소침, 움츠러들어 무기력하길 바라고 또 원한다는 것이지요. 밤낮 가리지 않고 그런다는 겁니다. 먹이를 찾는 우는 사자와 같이 말입니다.

그렇습니다. 나음에 있어 또 하나의 원리를 발견하게 되었습니다. 실패, 무너짐… 그럼에도 불구하고 가슴을 펴야 한다는 것입니다. 가슴을 활짝 펴고 십자가를 굳건히 붙들어야 한다는 것이지요. 치료방법이 달리 없다는 것입니다.

욥을 보십시오.
멋지게 사단을 KO 시켰습니다.
예수님을 보십시오.
멋지게 사단을 KO 시켰습니다.

사단은 욥과 예수님에게 힘껏 자신의 힘을 쏟아 부었지만, 결국 승자는 사단이 아니었습니다. 비록 사단의 전방위적인 공격, 헤어 나올 수 없을 만큼의 공격을 받았지만 예수님과 욥은 움츠러들지 않고 가슴을 펴고 거뜬히 이긴 낸 것입니다.

주신 이도 거두시는 이도 하나님, 아버지의 뜻대로…

바울은 이런 고백을 했습니다.
약할 그때가 곧 강함이라는 고백은 승리자의 필살기였던 것이지요.
그렇습니다. 이김의 원리는 사단 앞에 움츠러들지 않고 십자가를 든든히 붙들고 가슴 펴는 일일 것입니다.
잊지 마시기 바랍니다. 움츠러들면 지고 가슴을 펴고 하나님을 내 가슴속에 풍성히 품으면 이기는 것입니다. 그게 이김의 원리입니다. 당신의 폐부 깊이 하나님으로 가득 채우십시오. 그렇게 하면 사단의 사자는 반드시 물러날 것입니다. 그렇게 해서 싸워 이기십시오.

"마귀의 간계를 능히 대적하기 위하여 하나님의 전신 갑주를 입으라"_(엡 6:11)

"진짜 아름다움은 가슴을 펴고 자신을 사랑하는 사람에게서 나온다."_(소피아 로렌)

(True beauty comes from a woman who proudly holds her head high and loves herself. _Sophia Loren)

🌿 불행한 일이긴 해도 하나님의 산고는 더 하십니다

불행한 일이긴 해도 하나님의 산고는 더 하십니다. 산모가 들으면 발끈하시겠지만 임신과 산고의 고통은 은혜임엔 틀림없을 것입니다. 왜냐하면 그와 같은 고통으로 인해 넉넉한 깨달음을 누릴 수 있기 때문입니다.

병아리는 딱딱한 껍데기를 깨고 거기서 나와야 합니다. 그런데 그 순간에 세상에 나와서 적응할 수 있는 힘을 얻는다고 하지 않습니까! 마치 고치 속에서 나와 나비가 화려하게 비상하려면 그것을 여하튼 혼자 힘으로 벗어나야 하는 것처럼 말입니다.

아이의 탄생을 보십시오. 역시 긴 임신기간과 산고의 고통이 동반되는데 그러한 과정이 없으면 절대 온전한 아기가 탄생되지 못하는 것입니다. 물론 분만할 때 제왕절개로 태어나는 신생아도 있는데 보고에 따르면 정상 분만 아이보다 면역력이 떨어진다는 것은 잘 알려진 사실입니다. 그것을 보더라도 가급적 정상 분만하는 것이 신생아를 위한 일이라 하겠습니다.

저도 거꾸로 태어나다가 목이 걸려 몇 분 동안 죽었다고 했습니다. 기적적으로 살아났지만, 분만은 참으로 두려운 과정이며 고통이 아닐 수 없습니다. 이렇듯 아이는 열 달 동안 답답해도 거기서 나올 수는 없습니다. 왜냐하면 기다리고 또 기다려야 온전해지기 때문입니다.

일전에 말씀드린 샤잠이라는 영화에서 느낄 수 있는 것은 관람객 같아서는 당장이라도 능력을 발휘해서 악당들을 까부수는 그런 샤잠이 되었으면 했지만 그러나 관람객들의 바람과 달리 샤잠은 이미 자신에게 있는 능력을 깨닫지 못하는 가운데 그것을 깨닫기 위해 깨지고 또 깨지는 과정을 거쳐야 하는 것처럼 그것이 영화 흥행에 도움이 되는지는 모르나 역시 산고의 고통이 아닐 수 없습니다.

간혹 보도블록을 뚫고 올라온 잡초를 본 적 있습니까? 가뭄에도 홍수에도 어떻게 살았는지 죽지 않고 때가 되니 그 육중한 돌의 무게를 뚫고 머리를 내밉니다. 참으로 상상을 초월한 산고의 고통에서 피어난 기적이 아닐 수 없는 일이라 하겠습니다. 그래서인지 잡초는 웬만해선 죽지 않은가 봅니다. 산고의 내공으로 누리는 저력이라 하겠습니다.

사실 매해 같은 나무라 할지라도 유독 꽃향기가 짙은 시기가 있습니다. 그것은 다름 아닙니다. 그해 겨울 유독 추웠을 때 그렇다고 합니다. 혹독한 추위의 산고에서 주어진 열매일 것입니다.

사랑하는 여러분 씨앗은 땅속에서는 절대 꽃을 맺고 열매를 낼 수 없습니다. 반드시 세상 밖으로 나와야 하는 것입니다. 혹독한 산고의 고통과 고난의 시간을 겪어야 한다는 말이지요. 그래야 제대로 된 나무가 되고 열매를 맺을 수 있는 것입니다.

저는 작가입니다. 옛날 고시 합격도 그렇지만 한편의 작품은 무거운 엉덩이에서 나온다는 말이 있을 만큼 산고와 인고의 시간을 필요로 합니다. 그래야 걸작이든 졸작이든 작품이 탄생하기 때문이지요.

우리가 잘 아는 구약의 야곱이라는 사람은 일평생 자기 생각, 자기 고집으로 살았던 사람입니다. 하지만 삶의 말미에 그의 고백들을 보면 이제는 전적으로 하나님 의지하며 살아갈 수밖에 없는 고백을 하게 됩니다. 그것은 야곱이 진정한 하나님의 사람이 되기까지 인고의 시간, 산고의 고통을 겪었기 때문입니다.

그런 차원에서 우리에게 있는 이 고난과 때론 고통은 하나님이 주신 선물이라고 감히 말을 할 수 있겠습니다. 왜냐하면 그것으로 강력한 향을 발하는 꽃으로 탄생해서 많은 사람에게 인정과 사랑을 받고 나아가 하나님께 영광이 되는 삶을 살아가도록 하는 하나님의 인도하심이기 때문입니다.

사실 성경의 인물들을 보세요. 하나 같이 고통으로 빛을 발했던 사람들입니다. 그렇습니다. 하늘을 소망하는 우리들 역시 그와 같은 원리의 삶을 살 수밖에 없는 그런 존재일 것입니다. 그러나 그것은 저주가 아니라 하나님께서 주신 복된 삶이겠지요. 그래서 성경은 우리에게 이렇게 말을 하는 것일 겁니다.

"다만 이뿐 아니라 우리가 환난 중에도 즐거워하나니 이는 환난은 인내를, 인내는 연단을, 연단은 소망을 이루는 줄 앎이로다."_(롬 5:3,4)

"출산은 죽음과 삶의 문턱을 동시에 넘나드는 신비다."_(바바라 케이츠)
(Childbirth is a mystery that straddles the threshold of both life and death. _Barbara Katz Rothman)

🌿 믿음과 사랑 이야기

성경을 잘 보십시오.
왜, 믿음이야기와 사랑이야기가 많은 줄 아십니까?
우리가 아는 대로 하나님을 신뢰, 즉 하나님을 향한 믿음이 중요하기에 믿음만 강조하면 될 듯한데 성경은 그렇지 않습니다.
마치 자전거가 달릴 수 있는 건 앞뒤 바퀴가 있기 때문인 것처럼 하나님의 온전한 백성이 되기 위해선 믿음과 사랑이라는 두 열매가 있어야 합니다.
그렇지 않으면 하나님 백성으로 절대 온전해질 수도, 절대 앞으로 나아갈 수도, 절대 그 어떤 열매도 없다는 것입니다.
그래서 고린도전서 13장에서는 믿음과 사랑을 함께 다루고 있는 것입니다.

그런 차원에서 믿음 있다고 하면서 사랑의 열매 없으면 그건 둘 다 가짜일 것입니다. 반대로 사랑 있다고 하면서 믿음의 열매 없다면 그것 역시 둘 다 가짜이겠지요.

"사랑은 믿음 없이는 존재할 수 없고, 믿음은 사랑 없이는 살아남을 수 없다."_(톨스토이)
(Love cannot exist without faith, and faith cannot survive without love. _Leo Tolstoy)

자연스러운 삶 살기

사랑하는 여러분!

믿음을 돌아보십시오. 외람된 이야기인 줄 모르나 어쩌면 우리는 가짜 믿음으로 살고 있는 줄도 모르겠습니다. 그것도 의도인지 아니면 몰라서 그러는지 철저히 묵인한 채 말입니다. 하나님의 사람으로 믿음이 없으면서 있는 척합니다.

그렇게 하면 안 되는데 그렇게 하고 삽니다. 믿음이 소진되었다면 다시 채워야 합니다. 그게 맞습니다. 기름 없이 차가 달릴 수 없듯이 바닥이 나고 다 소진되었다면 채워야 하는 것입니다. 그래야 달릴 수 있는 것입니다. 믿음도 마찬가지입니다. 부르짖고 때론 통곡도 해야 합니다. 믿음은 선물이긴 하지만 그럼에도 달라달라 졸라야 하는 것입니다.

그러나 우리는 남의 시선 때문에 쉽게 그것을 하지 못합니다. 그래서 당장 급하지 않으니 그럭저럭 살아가는 것입니다. 급기야 목회자가 안타까워 지적을 해도 아랑곳하지 않고 체면을 우선하면서 그렇게 위선으로 믿음 생활을 합니다. 참으로 안타까운 믿음이라 하겠습니다. 참 간단한 것인데 그게 그리도 어려운가 봅니다. 더군다나 교회 중직을 맡은 직분자는 더 합니다.

엎드리면 될 일을 결코 그러지 않습니다. 모자라면 구하라고 하셨으니 엎드리는 건 아주 자연스러운 일인데도 부담스러워합니다. 그야말로 자연스런 일을 스스로 부자연스럽게 만듭니다. 믿음의 삶은 그렇게 사는 게 아닌데 참으로 안타까운 일입니다.

"여호와는 의로우사 의로운 일을 좋아하시나니 정직한 자는 그의 얼굴을 뵈오리로다"_(시 11:7)

"자연스러움이란 가장 어렵고도 가장 강력한 기술이다."_(프랑수아 드 라 로슈푸코)
(Naturalness is the most difficult and the most powerful art of all. _ François de La Rochefoucauld)

🌿 믿음은 어떻게 생겨날까요?

"너희는 그 은혜에 의하여 믿음으로 말미암아 구원을 받았으니 이

것은 너희에게서 난 것이 아니요 하나님의 선물이라" _(엡2:8)

무슨 말일까요?

그렇습니다. 믿음은 하나님이 주셔야 믿음을 가질 수 있다는 것이지요. 그렇다면 그 믿음을 어떻게 하나님으로부터 받을 수 있습니까?

물론 그것은 하나님의 주권이라 모릅니다. 성경을 몇 번 읽어도 믿음이 전혀 생기지 않는 대학교수가 있고, 10년을 다녀도 믿음이 생기지 않는 교회 직분자도 있습니다.

그러나 글도 모르고 기도도 누구와 같이 청산유수처럼 하지 못해도 그럼에도 "하나님 아버지"라고만 해도 닭똥 같은 눈물을 주르륵 흘리시는 나이 든 할머니를 보면 정말이지 믿음은 하나님 영역이 맞지, 싶습니다.

하지만 굳이 성경을 통해 믿음이 주어지는 한 가지 팁을 생각해본다면 마태, 누가복음에 나오는 로마군대 장군 백부장의 이야기가 그 팁이라 하겠습니다.

백부장은 자신의 중풍병 든 하인(노예)을 위해 예수님께 나아와 간구했습니다. 백부장은 예수님의 제자들처럼 예수님을 따라다니며 기적을 보지도 듣지도 못했습니다.

다만 멀리서 간간이 들려오는 소문으로만 예수님을 알았던 것이지요. 쉽게 정리하면, 백부장에게 믿음이 있더라도 그야말로 아주 어린 어린아이와 같은 믿음이었을 겁니다. 그러나 그는 그것 가지고 예수님 앞으로 나왔던 것입니다. 보리떡 다섯 개와 물고기 두 마리를 든 어린아이와 같이 말입니다.

그런데 이상한 일은 그런 그를 보시고 예수님도 깜짝 놀라시며 처음 보는 큰 믿음의 소유자라고 칭찬하신 것은 의아할 뿐입니다.

그러면 백부장은 예수님이 칭찬하실 만큼의 어떻게 강력한 믿음의 소유자가 되었을까요? 그것도 예수님이 놀랄 만큼 말입니다.

그렇습니다. 그건 다름 아닌, 바로 하인을 향한 긍휼과 절절한 깊은 사랑에서 찾을 수 있습니다. 백부장은 하인을 사랑했습니다. 불쌍히 여겼습니다. 어떻게 하면 저 불쌍한 자를 고칠 수 있을까 고민했던 것입니다.

그와 같은 긍휼, 애절한 사랑이 있었기에 아주 작은 믿음이지만 그것 가지고 주님 앞에 나온 것입니다. 그것이 실상은 누구에게서도 보지 못한 큰 믿음이었던 것이지요.

그가 뭐 아쉽다고 그랬을까요? 있으나 마나 한 하인이 뭐라고 말입니다. 돈으로 사고팔고, 죽이기도 살리기도 마음대로 할 수 있는 그 노예가 뭐라고 말입니다.

그러나 백부장은 그를 사랑했던 것입니다. 그것을 주님이 보신 것이지요. 주님께서 그 백부장의 속을 모르시겠습니까. 주님은 다 아십니다.

그러니 그 작은 믿음에 사랑으로 반응하니 하늘의 은혜, 하나님의 선물인 믿음이 한가득 그 위에 부어지지 않았겠습니까!

사랑하는 여러분!

그래서 믿음이 있다면서 사랑이 없으면 가짜라는 것이고요. 사랑이 있다면서 믿음이 없으면 그것 역시 가짜라는 것이지요.

아무리 생각하고 생각해 봐도 백부장의 믿음은 사랑에서 출발한 것이 아니면 설명될 수 없는 것 같습니다.

사랑! 그것은 모든 것을 가능케 하는 게 분명히 맞나 봅니다. 그러니 믿음, 소망, 사랑 그중에 제일은 사랑이라고 한 것이겠지요. 그렇습니다. 사랑이 없으면 믿음도 생기지 않는가 봅니다. 반대로 믿음이 없으면 사랑도 하지 못합니다.

"이 교훈의 목적은 청결한 마음과 선한 양심과 거짓이 없는 믿음에서 나오는 사랑이거늘"_(딤전1:5)

"진정한 사랑은 누군가를 믿는 일에서 시작된다. 믿음이 없이는 사랑도 없다."_(헬렌 켈러)
(True love begins with trusting someone. Without trust, there is no love. _Helen Keller)

🌿 모자람이 없는 타임 포인트(Time Point)

적절한 시기라고 하면 언제를 말할까요?

야구 이야기를 해 보겠습니다. 언젠가 롯데 자이언츠와 기아 타이거즈가 3연전을 가졌습니다. 마지막 3차전에서 롯데가 10회 9:10으로 극적으로 이겼습니다.

그런데 어떻게 이긴 줄 아십니까? 원아웃 만루 찬스에서 전준우 선수가 친 타구가 좌측 깊숙한 희생플라이로 이겼습니다.

그렇습니다. 적절한 시기는 이것을 두고 하는 말이지 싶습니다. 구장 내 플라이볼은 아웃일 뿐입니다.

물론 이번처럼 주자가 있고 투아웃이 아닐 때 나름은 유용하겠지만, 그러나 구장 내 플라이볼은 약효가 없는 타구입니다. 그런데 적절한 시기에 터지니 그게 그날 승리를 견인하더라는 것이지요.

무슨 말일까요?

무용한 것처럼 보이는 것도 때에 따라 매우 유용하더라는 것입니다, 그 무엇보다 값지더라는 것이지요. 사실 그런 만루 상황에서 안타는 그렇다고 하더라도 희생플라이를 치지 못해 게임에서 패하는 경우가 왕왕 있는 것을 보면 희생플라이가 쉽게 보일지 몰라도 사실 매우 어렵습니다.

여하튼 그런 차원에서 보면 세상엔 쓸모없는 것이 그다지 없는 것 같습니다. 그러니 재활용품으로 박물관도 만들고 휴식공간도 만들어 인기를 얻는 것이지요.

사랑하는 여러분,

송구한 말씀이지만 우리를 보고 또 봐도 하나님 앞에서는 참 무용한 존재들이 아닐까 합니다. 그러나 하나님은 무용한 자들을 승리의 견인 역할로 쓰신다는 것입니다.

그러니 찌질한 기드온이 큰 용사가 되고요. 뱃놈인 베드로가 수제자가 되고요. 핍박자 사울이 전도자 바울이 된 것입니다. 우리 역시 역전의 주인공이 되게 하신다는 것이지요.

그러나 여기서 매우 중요한 것이 있습니다. 시기입니다. 적절한 시기 말입니다. 적절한 시기가 아니면 아무리 멀리 깊숙하게 친다고 해도 아웃이며 무용한 플라이와 같다는 것입니다.

그러니 때를 잘 맞춰야 하는데 그것은 하나님이 쓰시겠다고 할 때 아멘 해야 한다는 것이지요. 하나님 부르실 때 아멘하고 나와야 한다는 것입니다. 그렇지 않으면 아무짝에 쓸모없는 것입니다.

그러니 이러한 원리를 놓치지 말아야 할 것입니다. 그러면 승리하게 되는 것입니다. 이것은 타임 포인트의 원리입니다. 잊지 마십시오. 때에 맞는 플라이볼도 점수를 낸다는 사실 말입니다.

> "내가 또 주의 목소리를 들으니 주께서 이르시되 내가 누구를 보내며 누가 우리를 위하여 갈꼬 하시니 그 때에 내가 이르되 내가 여기 있나이다 나를 보내소서 하였더니"_(사6:8)

> "모든 스윙이 홈런이 될 필요는 없다. 누군가는 3루 주자를 불러들이기 위해 플라이볼을 띄운다."_(작자 미상)
> (Not every swing has to be a home run. Sometimes, someone hits a fly

ball just to bring the runner home from third. _Unknown)

🌿 목적하는 바가 분명해야 합니다

우리는 쉽게 계획을 세웁니다. 목적하는 바가 있겠지요. 하지만 얼마 지나지 않아 흐지부지되는 일이 비일비재하다는 것을 부인할 수 없습니다. 왜 그런가요? 그렇습니다. 처음부터 목적하는 바가 틀렸기 때문이지요. 아니면, 목적하는 바를 이루기 위한 동력을 상실해 버린 탓일 겁니다.

유명한 일화로 알려진 미국인 아버지와 아들 '릭 호잇과 딕 호잇(뇌성마비)'의 이야기를 알 것입니다. 그들은 8차례 철인 3종 경기와 206차례 단축 3종 경기 그리고 64차례 42.195km 마라톤 완주뿐 아니라 1982년부터 2005년까지 보스턴 마라톤 대회 20년 넘게 연속 완주하고 거기다 달리기와 자전거로 무려 6,000km 미국 대륙 횡단을 했습니다. 이와 같은 일이 가능했던 이유는 단지 아들을 위해서라고 했습니다.

무슨 말일까요?

그렇습니다. 단지 아들을 위해서라는 목적이 그와 같은 일을 가능하게 한 것입니다. 단지 그 하나만의 이유가 그와 같은 기적을 이루게 한 것이지요. 목적의 강력함인 것입니다. 전혀 흔들림이 없는 목적이었던 것이지요.

그렇습니다. 목적하는 바가 흔들림 없을 때, 상상할 수 없는 일이 일어납니다. 기적이 일어나는 것입니다. 하나님을 향한 우리의 목적하는 바가 무엇인가요? 바라건대 그 목적하는 바가 흔들림 없으므로 날마다 기적의 주인공이 되었으면 합니다.

"푯대를 향하여 그리스도 예수 안에서 하나님이 위에서 부르신 부름의 상을 위하여 달려가노라"_(빌 3:14)

"목표를 끝까지 바라보는 자만이 그곳에 도달할 수 있다."_(헨리 데이비드 소로)
(Only those who keep their eyes on the goal to the end can reach it. _ Henry David Thoreau)

🌿 무엇으로 살아가야 할까요?

국가 경제가 어려워 일자리까지 포기하는 일이 피부로 느껴지는 형국입니다. 그나마 일회성 알바나 단기 일자리는 늘었다지만 그것은 사실 궁극적 일자리가 아니라고 전문가들이 입을 모읍니다.

특별히 일자리를 위해 일전에 무려 50조 원이 넘는 돈이 투입되었지만 그 영향은 미미했습니다. 상상을 초월한 천문학적인 국민의 세금 50조 원이 어디로 사라졌는지 흔적조차 없다며 온 나라가 시끄러웠습니다.

그런 탓인지 특히 청년들 관련 절망적인 삶의 보도가 연일 쏟아져 나오는 건 당연한 일이었습니다. 지금도 그렇고요. 최근엔 청년들의 절망을 이렇게 표현하고 있습니다. 3포에서 5포로 5포에서 7포로 7포에서 8포로 인제는 무엇이든 포기해야 하는 N포세대라고 말합니다. 참으로 안타까운 일이 아닐 수 없습니다.

　이러한 때에 오늘의 청년들은 무엇을 희망하며 무엇을 붙들고 살아가야 할까요?
　특별히 하나님의 백성들이 이 땅을 살아갈 때 반드시 붙들어야 할 것은 3가지라고 생각합니다. 이 3가지는 N포세대를 능히 이기는 원리가 아닐까 생각합니다.
　구약성경 출애굽기 4장에서 모세가 하나님의 명령을 붙들고 이스라엘 백성들을 노예에서 해방시키기 위해 애굽으로 내려갈 때 그가 가지고 간 것이 있습니다. 그것은 다름 아닌 하나님이 함께하시는 표징의 지팡이였습니다. 그냥 마른 작대기 나무 지팡이 말입니다. 모세는 그것을 가지고 애굽의 바로를 향해 나아갔던 것입니다.
　그렇습니다. 하나님의 백성들은 이 땅을 살 때, 특별히 힘겨움의 삶과 맞닥뜨릴 때 하나님이 함께하신다는 표징의 지팡이를 들고 살아가야 하는 것입니다. 모세에게 바로는 고난이며 무너지지 않을 철옹성과 같은 장애물이었습니다.
　하지만 모세가 넉넉히 바로를 무너뜨리고 그리고 승리한 것처럼 하나님의 백성들은 하나님이 함께하시는 능력으로 이 땅을 살아가야 하는 것이지요.

그렇다면, 당시 모세가 손에 붙든 그 지팡이가 오늘날 우리에게 어떤 의미의 지팡이일까요? 그렇습니다. 먼저는 하나님 말씀의 지팡이입니다.

네가 너와 함께 한다는 그러니 무서워하거나 두려워하지 말라는 그 약속의 말씀을 지팡이로 삼고 이 땅을 살아가야 한다는 것입니다.

그리고 두 번째는 하나님을 향한 기도의 지팡이입니다.

우리에게 필요한 것을 아시지만 그러나 그것 알아서 주시지 않고 우리가 구하길 기다리신다는 말씀처럼 하늘 문을 여는 기도의 지팡이를 들고 이 땅을 살아가야 한다는 것이지요.

마지막 세 번째는 성결, 거룩의 지팡이입니다.

모세가 사명을 받고 애굽으로 나아갈 때 둘째 아들 할례 문제로 하나님은 모세를 죽이려 하셨다. 무슨 말일까요? 아무리 사명자라고 해도 부정함을 물리고 날마다 거룩으로 덧입는 삶을 살지 않으면 아무 소용없다는 것입니다.

그런 차원에서 중요한 것은 말씀도 중요하고 기도도 중요하겠습니다만 그중 가장 중요한 것은 성결, 거룩임을 알아야 할 것입니다. 이 땅을 살아갈 때 반드시 붙들고 살아야 할 것은 다름 아닌 거룩의 지팡이라는 것이지요.

그렇습니다. 우리가 이 땅을 살아갈 때 위와 같은 세 가지의 지팡이를 붙들고 살면 넉넉히 이 땅의 난관을 이길 수 있을 것입니다. 비록 N포세대라고 해도 힘을 내시기 바랍니다. 도저히 극복할 수 없는 장애물과 같은 견고한 철옹성이라 해도 하나님의 세 가지의 지팡이는 능히 철옹성을 무너뜨릴 수 있다는 것을 믿으시길 바랍니다. 그러나 반드시 그 지팡이를 들고 나아가는 자에게만 주어지는 복임을 잊지 말아야 하겠지요.

저 모세를 보십시오!

넉넉히 이기고 나오지 않습니까! 그렇습니다. 지팡이를 든 자만이 누리는 복이며 은혜인 것이지요. 그러니 여러분의 손에 든 지팡이! 3개의 지팡이를 굳건히 붙드시길 바랍니다. 죽으나 사나 놓지 말고 든든히 붙드시길 바랍니다! 그렇게 하시면 되는 겁니다. 하나님 백성은 그것으로 사는 것입니다. 할렐루야!

"모세의 지팡이는 하나님의 뜻을 이루는 손길이다. 인간의 약함이 하나님의 능력으로 바뀌는 순간이다."_(작자 미상)
(Moses' staff is the hand that fulfills God's will. It is the moment when human weakness is transformed by God's power. _Unknown)

무조건 항복하는 삶의 능력

그동안 정신세계와 씨름했던 학자들이 수없이 많습니다. 물론 지금도 인간의 정신세계를 연구하는 연구가 활발합니다. 앞으로도 이러한 연구는 계속될 것입니다.

그러면 왜 이토록 인간의 정신세계를 연구하는 것일까요?

그렇습니다. 그 이유는 간단합니다. 궁극적으로 어떠한 때에 인간이 행복감을 느끼는지를 규명하기 위한 것입니다. 그 결과 수많은 학자들이 그와 같은 연구를 통해 나름의 길을 제시했습니다. 그러나 정작 인간의 삶은 그리 행복하지도 평탄하지도 않았습니다.

무슨 말일까요?

아! 그렇구나! 하는 확연한 해답, 인생 문제에서의 실제적 해답은 요원하다는 것입니다.

왜 그런가요? 인생, 인간은 너무도 가변적이기 때문입니다. 그러한 인간에게 프로이드도, 에릭슨도, 융도, 삐아제도, 콜버거도 어쩔 수 없더라는 것입니다. 인간을 탐구하면 할수록 키르케고르가 말한 것처럼 심미적인 존재, 단적으로 규명할 수 어려운 존재라는 것을 인정할 수밖에 없는 것이지요.

그런 맥락에서 사람이 내놓은 방편과 규명으론 한계가 있더라는 것입니다. 그러므로 그 한계론으로는 인생의 문제를 완벽하게 풀 수가 없다는 결론이 나오는 것입니다. 그러니까 심미적인 존재 그 이상의 존재가 사람을 케어(care)해야 한다는 말이지요.

특별히 기독교는 어떨까요?

결론적으로 말씀드리면 완벽하게 해결되더라는 것입니다. 구약

성경 시편 28편은 다윗이 아들 압살롬에게 고난당하는 그런 상황에서 적은 시가 아닐까 합니다.

이 시편 28편이 내용을 보면 다윗은 그냥 무조건 하나님 앞에 항복하는 모습으로 일관합니다. 인간 그 이상의 존재를 만나니 그렇게 되더라는 것이지요.

사실, 하다못해 항복하면 적군이라도 살려줍니다. 다윗은 하나님 앞에서 항복을 잘하는 사람으로 평가됩니다. 문제가 있을 때, 문제에 관한 지적이 있을 때 그는 다른 방법을 동원하지 않고 그냥 엎드립니다. 하나님께 항복하는 것이지요. 그게 다윗의 강점입니다.

사실 그가 아들을 제압할 수 있는 힘도 있었습니다. 반란을 제압할 수 있는 방법도 있었습니다. 하지만 그는 그러한 힘과 방법들을 동원하지 않았습니다. 그냥 하나님께 두 손 들고 항복했습니다. 그렇게 인생의 문제를 풀더라는 것입니다.

그가 누구입니까? 그야말로 맨손으로 골리앗을 때려죽인 어리지만 용장이었습니다. 그런 그가 다 가진 힘을 쓰지 않고 하나님 앞에 엎드리는 모습은 하나님께서 사랑할 수밖에 없는 삶의 모습이라 하겠습니다. 그러니 그가 승승장구하는 삶을 살다 간 것이겠지요. 삶의 문제를, 인생의 문제를 믿음으로 풀더라는 것입니다. 그것도 완벽하게 말입니다.

오늘의 삶이 팍팍합니다.
삶이 너무 어렵습니다. 육은 육대로 영은 영대로 힘겹고 어렵습니다. 그래서인지 이러한 삶의 문제를 돌파하기 위해 과거에 비해 더한 개인주의 삶으로 바뀌고 말았습니다. 그래서 최근의 트렌드로 나온 말이 '나심비'라는 말까지 나오게 되었습니다.

 무슨 말일까요? 나만 좋으면 지갑을 연다는 말입니다. 가성비를 넘고 가심비를 또 넘어 나심비가 된 것입니다. 욜로를 넘고 이제는 횰로의 삶이 된 것이지요.

 오직 나!입니다.

 독일의 철학자이며 시인이었던 니체의 혼이 되살아난 것 같습니다.

 "초인이란 이상적인 인간형으로 법이나 기관이나 다른 사람들에 상관없이 자신의 개성을 극대화하고 창의력을 활용하는 사람이다."라고 했는데 일찍이 그런 사람들이 체사레 보르자, 나폴레옹과 같은 사람들이라고 할 수 있습니다. 아무런 도덕적 관념도 없이 무조건 성공을 위해 무자비하게 밀고 나가는 결국 니체의 이론은 히틀러의 군대까지 양산했던 것이지요. 요즘 말로 욜로와 횰로의 삶에서 그러한 괴물이 탄생된 것입니다.

 이와 같은 말의 의미가 무엇일까요? 나름 살기 위한 비극적 자구책인 것입니다. 어쨌든 혼돈의 시대를 살아내기 위한 몸부림이라는 것이지요. 그러나 그렇게 산다고 삶의 궁극적인 문제가 해결되는 것은 아닙니다. 그런 차원에서 앞으로의 트렌드는 무엇이 될지 두렵기까지 합니다.

사랑하는 여러분!

인생의 문제는 인간의 방법, 인간의 지혜로 풀어가는 것이 아닙니다. 삶의 문제는 오늘 성경에서 보여 주듯 하나님께 맡기므로 풀어가는 것입니다.

다윗이 동원할 수 있는 모든 것 내려놓고 오직 두 손 들고 항복함으로 하나님만 신뢰함으로 문제를 풀어갔던 것처럼 문제는 그렇게 푸는 것입니다.

그래서 당장 손쉽게 동원할 수 있는 것 붙들지 마시기 바랍니다. 사람들이 여기저기 내놓은 인생을 살아가는 수많은 방편들은 참고만 하되 그것에 올인하지 마시기 바랍니다. 한계의 인간이 내놓은 것은 한계가 있기 때문이지요.

그러므로 완벽한 방법을 붙들어야 합니다. 그 방법은 인생을 만드신 조물주의 방법만이 유일한 대안이니 믿고 굳건히 붙들어야 할 것입니다. 물론 그 방법의 결국은 조물주에게 항복하는 삶이라 하겠지요.

"주는 우리의 체질을 아시오니, 우리가 단지 먼지뿐임을 기억하심이니이다."_(시편 103:14)

"인간은 너무나 연약해서, 작은 고통에도 쉽게 무너지고, 작은 사랑에도 깊이 흔들린다."_(라 로슈푸코)
(Humans are so fragile that they easily collapse under small pain and

are deeply shaken by small love. _La Rochefoucauld)

🌿 인간의 한계를 볼 수 있길 바랍니다

기독교에 있어 신앙의 출발은 나는 할 수 없다는 고백에서부터 시작되지요. 그래서 이와 같은 원리를 놓치면 그야말로 죽도 밥도 안 되는 그런 일이 일어날 수 있습니다. 그럼에도 참으로 안타까운 건 신자들 가운데 하나님 없이도 내가 할 수 있다는 유혹(?)에 쉽게 빠져 거기서 빠져나오지 못하고 영영 무너지는 삶을 사는 자들이 많다는 것입니다.

그들을 만나 이야기를 해보면 절반은 하나님을 이야기하고 또 절반은 자기 자신을 이야기하며 자기 자신을 굳건히 붙들고 있는 것을 보게 됩니다.

그렇다고 하더라도 어떤 땐 자신 힘으로 되지 않으면 인제는 하나님을 더욱 붙들어야 함에도 이상하게 자기 자신을 더 붙든다는 겁니다.

그런 탓에 그나마 반이라도 자리를 차지하셨던 하나님은 그 입지가 점점 줄어서 결국 하나님은 사라지고 인간이 그 자리까지 차지해 하나님을 대신한다는 것입니다.

오! 주여! 라며 하나님께 나아와 꿇어 엎드리는 모습은 온데간데없이 사라지고 오직 거만한 사람만이 남을 뿐입니다.

참으로 기가 찰 일이 아닐 수 없습니다. 도무지 어찌 된 영문인지 인간은 그렇게도 죽지 않는다는 것이지요.

왜 그럴까요? 그렇습니다. 나는 아직 할 수 있다는 오만 밖에는 달리 그 이유를 찾을 수가 없는 것입니다. 시편 1편은 그러한 자를 복이 없는 자로 여기는데도 여전히 요지부동하다는 것입니다. 일전에 말씀드린 것처럼 믿음 없어도, 하나님이 없어도 당당하게 살아간다는 겁니다.

TV를 보았습니다.

'코리아 헌터'라는 프로입니다. 일본의 거대 음식을 찾아 나선 프로그램이었습니다. 음식점에서 무슨 그런 무식한(?) 음식을 만드는지 원… 참 희한한 나라라는 생각이 들었습니다. 그런데 여하튼 그런 음식이 실제 존재했습니다. 그야말로 어마어마했습니다.

그런데 거기서 알게 된 사실이 하나 있습니다. 음식을 앞에 둔 사람들은 하나같이 이 큰 음식을 어떻게 다 먹을 수 있겠느냐고 했지만 정작 음식을 먹기 시작하자 상황은 완전히 달라졌습니다. 그야말로 절제하지 못하는 게 어떤 것인지 알게 되는 순간이었습니다. 얼마나 먹고 또 먹는지 나중에 하는 그들의 고백은 "내가 이렇게 많이 먹을 줄은 몰랐어요"라며 하나같이 같은 말을 했습니다.

무슨 말일까요?

음식을 접하기 전에는 절제에 관해 자신만만했던 사람들이 하나같이 절제하지 못하고 무너지더라는 것이지요. 한계가 있는 인생임을 여실히 보여 주었습니다.

성경 복음서에 보니까, 부자 청년이 주님께 나아와 언뜻 보면 주님께 당당하게 들이대는 모습으로 예수님과 대화를 합니다. 그러나 대화 말미에 결국 예수님을 영영 떠나가는 그런 모습을 소개하고 있습니다.

그렇습니다. 자기 자신은 완벽한 줄 알았는데, 예수님과 대화 가운데 자신이 느끼기에도 한계가 있는 인간이라는 것을 깨달은 것이지요.

사랑하는 여러분!
우리는 언제까지 이렇게 살아야 할까요?
사람은 왜 다른 이는 몰라도 나는 할 수 있다는 착각에 너무도 쉽게 빠지는지 모르겠습니다. 저 자신도 그런 때가 적지 않으니 부끄러울 따름입니다. 왜 수로보니게 여인의 고백처럼 무지렁이 같은 인생, 아무것도 할 수 없다는 그런 고백을 하나님께 쉽게 고백하지 못하는 것일까요?

살을 빼려 헬스를 10년째 눈이 오나 비가 오나 바람 불어도 빠짐없이 다니지만 몸무게가 여전히 제자리인 것을 보며 인간은 왜 자신의 한계를 쉽게 인정하지 못하는 것일까요?

'나는 자연인이다'라는 TV 프로그램도 마찬가지입니다.
거기에 출연하는 자연인들의 고백을 들어 보시기 바랍니다. 하나같이 나는 지금 더없이 행복하다며 힘주어 장담합니다. 물론 행복하다고 하니 다행이긴 합니다만 그러나 그들이 왜 거기에 들어갔을까요? 삶이 무너지고 깨져서 인간의 한계를 느끼고 들어간 것이지요.

그러나 그들 대부분은 지금까지 한계를 인정하지 않을 뿐 아니라 거기서 또다시 한계를 부인하며 '나는 행복하다'라고 선언까지 합니다. 물론 참 행복한 삶도 있겠지만 그렇지 않은 사람들이 대부분이라는 생각을 지울 수가 없습니다. 다른 건 뒤로하고라도 사람은 더불어 살게 되어 있는데 그러지 못한 것 하나만 봐도 알 수 있습니다. 인간은 외로이, 홀로 외딴곳에서 그렇게 사는 게 아닌데 말입니다.

결국 무슨 말일까요?

나는 아직 죽지 않았다는 것입니다. 아직 버틸 힘이 남아 있다는 것입니다. 그러니 비록 내가 이렇게 살아도 불쌍하게 보지 말라는 것입니다. 오히려 도시에서는 이런 생활하지 못하니 내가 얼마나 부럽냐며 되레 도시 사람들을 측은히 여기더라는 것입니다. 그렇습니다. 그토록 자기 자신의 건재함을 보여 주고 싶은 게 인간이니 어찌하겠습니까!

그렇습니다. 인생은 내 힘으로 살아가는 게 아니라고 생각합니다. 그러니 착각은 하지 말아야 할 것입니다. 인생은 하나님의 힘으로 살아가는 것입니다. 그러기에 한계를 인정하는 것은 지극히 복음적인 모습이라 하겠지요. 그것은 결코 부끄러운 일이 아닌 것입니다. 그게 되레 능력이라는 것입니다.

그러므로 우리는 한계를 인정하는 삶을 살아야 할 것입니다. 그렇지 않으면 우리는 결국 하와와 같이 되고 말 것입니다. 꾐에 빠져 나도! 하면서 하나님 같이 되려고 했던 하와 말입니다. 그렇게 되면 모든 것이 절망으로 끝나겠지요.

그렇습니다. 우리는 능력 밖의 일을 끝끝내 붙들고 내가 무엇을 하겠다며 한계를 붙들고 신음하지 않아야 하겠습니다. 그냥 하나님께 드림으로, 내 힘이 아닌 하나님 힘으로 살아야 하겠습니다.

잊지 마시기 바랍니다.

우리가 느낄 때 하나님의 시간이 더딘 것은 인간의 한계 인정하라는 하나님 의도임을 알아야 할 것입니다. 그러기 때문에 내 것 내려놓아야 비로소 하나님의 것이 주어지는 것입니다. 다시 말해 한계를 인정해야 비로소 은혜가 임한다는 것이지요.

> "시몬 베드로가 이를 보고 예수의 무릎 아래에 엎드려 이르되 주여 나를 떠나소서 나는 죄인이로소이다 하니"_(눅5:8)

> "우리는 모든 것을 할 수 없다는 것을 아는 순간, 우리가 해야 할 것을 제대로 할 수 있다."_(마르쿠스 아우렐리우스)
> (The moment we realize we cannot do everything, we can do what we must properly. _Marcus Aurelius)

무엇으로 사는가

인생(人生)은 무엇으로
살아가는 것일까
의지(依支)할 만한 힘도
붙잡을 만한 뿌리도
언젠가 무너지고 마는 것이
사람(人)의 힘이다
젊음도
건강도
지식(知識)도
재물(財物)도
믿음직하다 생각한 것들은
순식간에 사라진다
내가 가진 모든 것이
내가 아닐 수 있음을
시련(試鍊)은 가르쳐 준다

그래서
끝끝내 묻게 된다
나는

무엇으로
살아가는가

하루의 숨결이
하늘(天)에서 오듯
사람은 사람만으로
살 수 없고
물과 밥만으로는
영혼(靈魂)이 자라지 않는다

인간은
한계(限界)의 존재다
강해 보이려 애써도
연약함은 본질(本質)이고
자유롭고 싶다 외쳐도
어디에나 매인다
그러니 진정 자유롭기 위해선
신(神)을 붙들어야 한다
바람처럼 보이지 않아도
진실로 계시는 그분을
의지할 수밖에 없다

사람의 말은 무너지고
세상의 약속은 희미해져도
하나님의 말씀(言)은
끝내 무너지지 않는다

나는 깨닫는다
인생은
자기 자신을 믿어 사는 것이 아니라
자신을 비우고
그분을 의지함으로
살아가는 여정(旅程)임을

그러니 나는
오늘도 묵묵히
기도(祈禱)로 하루를 여는 것이다
무엇으로 사는가—
내 힘이 아니라
그분의 은혜(恩惠)로.

🌿 죄라는 것은 무엇일까요?

사람은 누구나가 중심이 되고 싶어 합니다. 물론 그러지 않은 분들도 있겠습니다만 보편적으로 그렇다는 이야깁니다. 그래서 중심에서 밀려나면 좌절하기도 하고 분을 내기도 하고 심지어는 극단적인 일이 벌어지기도 하지요.

그렇습니다. 사람은 주목받는 것을 좋아하기 때문입니다. 주목받는다는 것을 달리 말하면 자신의 정체성, 존재감을 그런 일을 통해 느낀다는 것입니다. 그래서 중심에서 밀려나면 못 견뎌 하는 것입니다.

죄를 영어 단어로 Sin이라고 합니다. 잘 보세요. Sin이라는 단어 가운데 i가 있습니다. 무슨 말일까요? 죄라는 것은 내가 중심이 되는 것을 말하고 있는 것입니다. 그렇습니다. 자신을 지으신 창조주는 뒤로 하고 자신이 그 중심에 서 있는 것입니다. 내가 중심이라는 것은 모든 일이 내 중심으로 돌아가야 한다는 것을 의미하는 것입니다. 그러니 하나님 대신 거기에 내가 있는 것이고 그게 죄인인 것입니다. 그게 죄라는 것이지요.

사실 사회생활을 해보면 언제나 중심에 있고자 하는 사람은 바쁩니다. 미안한 이야기지만 그런 사람들은 그 자리를 지키기 위해 온갖 수단과 방법을 동원해 눈살을 찌푸리게 하는 일을 일삼습니다. 그러다 보면 문제가 생겨 결국 그가 중심이 된 모임이 와해가 되기도 하고 심지어는 완전히 분열되는 그런 일도 일어나는 것입니다. 때가 되면 양보를 해야 하는데 그게 안 되더라는 겁니다. 그래서 인간에게 죄성이 있다는 것이겠지요.

　자부심, 긍지라는 영어 단어가 Fride입니다. 이 단어도 잘 보십시오. 가운데 i가 있습니다. 물론 자부심, 긍지는 좋은 것일 수 있습니다. 하지만 꼭 그런 것만은 아닌 것을 종종 보게 됩니다. 자부심이나 긍지가 너무 강한 나머지 누군가 그에 접근하기가 쉽지 않고 교제하기가 어려워 결국 그는 외톨이가 되어 자신은 중심에 서 있다고 하는데 정작 알고 보면 사람들로부터 따를 당한 그런 사람이 되고 마는 것이지요.

　그렇습니다. 자부심도 좋고 긍지도 좋습니다만 그러나 내가 중심이 된다는 것엔 너무도 조심해야 함을 깨닫고 살아야 할 것입니다.
　성경에 예수님께서도 자리 상석에 앉지 말라고 말씀을 하시며 중심, 중요한 자리에 먼저 가서 앉지 말라고 하신 것을 보면 중심이 된다는 것은 잠정 무너질 수 있는 그런 자리임을 깨달아야 할 것입니다. 지금 당신은 어디, 어느 위치에 있는가요?

　"교만이 오면 욕도 오거니와 겸손한 자에게는 지혜가 있느니라" _ (잠 11:2)

　"가장 낮은 자리에 앉을 줄 아는 자가, 결국 가장 높은 자리에

앉는다."_(미셸 드 몽테뉴)

(He who knows how to sit at the lowest place will ultimately sit at the highest. _Michel de Montaigne)

🌿 부드러움에는 놀라운 힘이 있습니다

 목회자지만 영화를 좋아합니다.
 특히 영웅적인 주연의 영화를 좋아합니다. 그래서 이연걸과 같은 연기자를 한 때는 주님 다음으로 좋아했었습니다. 왜 그를 그렇게 좋아했느냐고 묻는다면, 저는 서슴없이 이렇게 이야기 할 수 있습니다. 싸우더라도 한 대도 맞지 않기 때문이라고 말입니다.

 거두절미하고, 오늘 이야기의 주된 내용을 살펴봅시다. 오늘 이야기의 핵심은 부드러움입니다. 이연걸의 영화 중에 태극권이라는 영화가 있습니다. 한마디로 부드러움이 강함을 이기는 그런 내용이라 하겠습니다. 춤을 추는 듯한 무술 앞에 모두가 다 추풍낙엽인 겁니다.
 일전에 조수미 씨가 출현한 토크쇼를 보았습니다. 보는 내내 이런 생각이 들었습니다. 조수미 씨가 세계적인 인사가 될 수밖에 없었구나! 라고 말입니다.
 왜냐하면, 고등학교를 졸업한 나이로 아는 이 없는 낯선 곳에서 그것도 완벽을 추구하는 당대 최고의 스승 카라얀 밑에서의 그녀

삶의 이야기가 그것을 충분히 말해 주었기 때문입니다. 그녀의 삶의 이야기 가운데 하나 특징이 있는데 그 특징이 지금의 그녀를 만든 것이라고 할 수 있겠습니다.

그것은 다름 아닙니다. 바로 부드러움입니다. 휘어질지언정 부러지지 않는 그녀만의 부드러움은 모든 시련을 이겨내게 했던 것이지요.

간단한 예로, 토크쇼에서 보이는 그녀의 모습은 가히 그것을 증명하고도 남음이 있었습니다. 높은 곳과 낮은 곳을 넘나드는 정신세계는 가히 찬사를 받을 만했습니다. 순간순간 분위기에 맞는 위트는 물론 스스럼없이 망가지는 모습까지…

카라얀으로부터 천상의 목소리라고 극찬을 받았을 뿐 아니라 세계 5대 오페라 극장을 섭렵할 만큼의 실력자이면서도 우리나라 대중가요 장르에 임하는 그녀의 마인드는 상상을 초월할 만큼 유연하고 포용력이 있는 모습이 아닐 수 없었습니다.

"사람은 다 이루고 나면 다른 단계의 차원을 생각하게 된다."

무슨 말일까요?

오페라는 오페라로서의 자리, 대중가요는 가요로서의 자기만의 가치가 있다는 말이며, 특히 그녀는 대중가요를 또 다른 높은 가치의 것으로 보았다는 것입니다. 고전 클래식 음악을 하는 이로서는 가히 놀랄 만한 포용력이라 하겠습니다. 이와 같은 성향은 부드러움에서 나오는 것이라 하겠지요.

　오래전 쿠션이라는 책을 읽었습니다. 그 책의 핵심은 마음속에 또 하나의 공간을 두는데 거기에 쿠션과 같은 공간을 두라는 내용이었습니다.
　무슨 말일까요?
　화가 나고 분이 나도 그곳에서 잠깐이라도 머물면 해결된다는 것이지요. 그렇습니다. 쿠션 역시도 부드러움의 다른 말인 것입니다.
　우리 주님 역시 십자가 사건 앞에서 극한 부드러움(?)으로 인류를 구원하셨습니다. 천군천사를 불러 인간을 다 멸할 수 있었지만 그냥 순순히 순한 어린양이 되셨습니다. 그것으로 이기셨습니다. 부드러움으로 이기신 것입니다.
　두 아들을 죽인 원수를 자신의 양자로 삼으신 손양원 목사님을 사랑의 원자탄이라고 부릅니다. 부드러움에서 나온 힘의 능력을 찬사한 것이겠지요.
　연예인 유재석 씨를 국민 MC로 부릅니다.
　왜 그렇습니까? 말만 잘해서가 아닙니다. 그는 전방위적 포화와 같은 상황이 다가와도 부드럽게 받아넘기는 능력이 있기 때문입니다. 그가 진행을 하면 편합니다. 거기다가 재밌기까지 하지요. 그래서 국민 MC라고 하는 것입니다.
　성경 역시도 사랑이 제일이라고 합니다. 왜 그럴까요? 그렇습니다. 사랑은 부드러움의 대명사이기 때문입니다.

사랑하는 여러분,

요즘 여기저기 뚝뚝 부러짐만 보이는 세상을 쉽게 접할 것입니다. 극과 극을 달리는 세상입니다. 이럴 때 사랑하라는 말씀으로 돌아가면 어떨까요? 흔해 빠진 허접한 삼류 사랑이 아닌 믿음, 소망, 사랑 가운데 제일인 그 사랑, 반대편 뺨을 돌려대는 그 부드러움의 사랑, 속옷까지 기꺼이 벗어주는 그 긍휼의 사랑, 십자가에서 물과 피를 기꺼이 다 흘리는 그 극함의 사랑, 그 사랑! 그 부드러움으로 돌아가면 어떨까요?

잊지 마시기 바랍니다. 부드러움은 모든 강함을 이긴다는 사실을 말입니다.

"유순한 대답은 분노를 쉬게 하여도 과격한 말은 노를 격동하느니라"_(잠 15:1)

"세상에서 가장 부드러운 것이 가장 단단한 것을 이긴다."_(노자)
(The softest thing in the world overcomes the hardest thing. _Laozi)

🌿 사람은 무엇으로 바뀔까요?

사람은 잘 바뀌지 않습니다. 당장 저를 봐도 그렇습니다. 사실 부끄러운 말이지만 잘 바뀌지 않는다는 표현보다 절대 바뀌지 않는다는 표현이 더 맞겠습니다.

물론 바뀐 것을 굳이 찾는다면 희미한 흔적으로 드문드문 있긴 합니다만, 그러나 확연히 바뀐 모습은 그리 없어 보입니다. '확연히'라는 의미는 방향을 완전히 바꾼 일대 변혁의 모습을 말하겠지요. 그러니까, 바울이 다메섹 도상에서의 변화, 그와 같은 완전 360도 다른 것을 말하는 것입니다. 부끄럽지만 그런 게 저에게는 없다는 것이지요.

어제는 말씀을 전하면서 가슴이 너무 아팠습니다. 다름 아닌, 이제껏 사람이 바뀌는 원리를 놓치고 살아왔고, 또 목회자로 교우들에게 그와 같은 원리를 잘 설명하지 못했기 때문이었습니다. 사실 설명보다 한 어휘를 놓치지 않고 바르게만 붙든다면 될 일이었습니다.

그 한 어휘가 무엇일까요?

간단합니다. 너무 간단합니다. 말씀드리면 그것은 우리도 잘 안다고 할 것입니다. 그거였어? 라고 할 것입니다.

그러나 잘 듣길 바랍니다. 저도 그렇게 해서 늘 놓치고 살아왔기 때문입니다. 그 한 어휘는 우리가 하나님 앞에 서는 그날까지 강력하게 붙들어야 할 어휘입니다. 그것을 놓치면 죽는 줄 알고 말입니다. 그야말로 사생결단! 붙들어야 할 것입니다.

베드로 사도가 벧전 2장에서 말한 것입니다. 19절에 이렇게 말하고 있습니다.

"애매히 고난을 받아도 하나님을 생각함으로 슬픔을 참으면 이는 아름다우나"

그렇습니다. 그 한 어휘는 바로 "하나님을 생각하며"입니다.

무슨 말일까요?

사도 베드로는 부당하게, 애매히 고난을 받아 슬플 때 우리에게 참으라고 하는 것입니다. 그런데 그냥 참으라고 하지 않고 "하나님을 생각하며" 참으라고 합니다.

왜 그랬을까요?

그렇습니다. 참음은 내 힘으로 안 된다는 것을 말하고 있는 것입니다. 참음은 하나님을 생각할 때, 하나님을 의식할 때 가능하다는 것을 말하는 것이지요. 다른 것으로는 안 됨을 말하는 것입니다.

우리가 알기로 사도 베드로가 어떤 사람입니까? 참을 수 있는 사람이 아니었습니다. 칼을 빼 말고의 귀를 단번에 자르는 그런 급한 성격의 소유자였습니다.

복음서에 나타난 그의 모습을 보십시오. 뭐든 팍팍 버럭 하는 성격입니다. 그런 성격의 완결판은 십자가 사건 앞에서의 그의 모습이라 하겠지요.

언제는 예수님을 하나님의 아들이라 했다가 십자가 사건 앞에서는 예수님을 저주까지 했습니다. 그것도 세 번씩이나! 그러나 이랬다저랬다 한 그런 그가, 참음이라는 단어와는 거리가 먼 것 같았던 그가, 참음을 말하고 있는 것입니다. 변화된 모습이 아닐 수 없는 것이지요.

그리고 그 참음의 깊이는 벧후 3장에서 우리를 놀라게 하고 맙니다.

"사랑하는 자들아 주께는 하루가 천년 같고 천년이 하루 같은 이 한 가지를 잊지 말라" _(벧후3:8)

무슨 말일까요?

그렇습니다. 시간 개념이 완전히 바뀔 만큼 변화된 모습이라는 겁니다. 그러니까, 사도 베드로는 참음에 있어서 한계가 있는 참음이 아니라 영원한 참음을 말하고 있는 것이지요.

그의 시간 개념을 보십시오. 천년이 하루 같고, 하루가 천년 같다. 라는 고백! 시간을 초월한 고백을 하고 있는 것입니다. 영원히 참으라는 것입니다. 시간 개념이 바뀐 것입니다. 완전히 사람이 바뀐 것입니다.

사랑하는 여러분!

세상은 입을 모아 참지 말라고 합니다. 심지어 참으면 병에 걸린다고 하며 겁을 주기도 합니다. 그래서 오래 사는 비결은 그것을 훌훌 털어내야 한다는 것이지요. 그것도 이구동성, 앞다투어 말입니다.

그러나 성경은 반대로 말씀하고 있습니다. 참으라고 말입니다.

너 오래 사는 것에 관심 없으니 그것에 연연하지 말라는 것입니다. 하나님을 생각하면서 때론 울며불며 그렇게 참고 살라고 말입니다. 영원히 그렇게 참으라고 말입니다. 그게 복이며 그렇게 사는 게 하나님의 뜻이라고 말입니다. 원수 갚는 건 내게 있으니 너는 상관 말라는 것이지요.

베드로는 이렇게 말할 만큼 변했던 것입니다. 우리의 변함은 다름 아닌 하나님 생각함에 있습니다. 또한 하나님만 생각한다는 것은 변한 삶이라는 것이지요. 그러니 하나님 있으면, 하나님 생각하면 변할 것입니다. 사람은 하나님으로만 바뀌는 것입니다.

"성격은 습관의 반복에서 비롯되며, 쉽게 바뀌지 않는다."_(아리스토텔레스)
(Character is formed by the repeated habits and does not change easily. _Aristotle)

삶의 이야기를 또 하게 됩니다

하나님을 모르는 사람들도 이구동성으로 하는 말이 삶은 억지로 해선 안 된다며, 그냥 물 흐르듯 그렇게 살아야 한다고 말합니다.
맞습니다. 세상 사람들도 아는가 봅니다. 삶은 억지로 사는 게 아닙니다. 다른 종교에서도 세월은 오는 것도 가는 것도 아니라고 합니다. 그러니 잡으려고도 보내려고도 하지 말라는 것입니다.

무슨 말일까요? 그냥 자연스레 살아가야 함을 말하는 것이겠지요.

어느 기관에서 조사한 바에 따르면 10대는 내가 참여해야 움직이고, 2~30대는 내가 좋아야 움직이고, 4~50대는 이해되고 옳으면 움직이고, 60대 이상은 지금까지 굳게 믿고 있는 신념에 따라 움직인다는 결과를 내놓았습니다.

다른 것은 그렇다고 하더라도 내가 좋아야 움직인다는 말은 도대체 어떻게 이해할 수 있을까요? 참으로 어처구니가 없는 말입니다. 결국엔 틀려도, 아니어도 내가 좋으면 그것을 한다는 말이 아닙니까?

그야말로 억지도 이런 억지가 없습니다. 결국 무너지는 인생이 되고 말 것입니다.

사실 세상의 자기개발서는 여하튼 자신에 집중하라고 합니다.

무슨 말일까요?

그렇습니다. 억지로라도 내가 주인이 되어 죽기 살기 살아가라는 말이겠지요. 성경과 완전히 반대입니다. 성경은 언제나 하나님께 집중하라고 하는데 말입니다.

그러니 세상에서 이야기하는 것처럼 자신에게 집중하면 힘쓰다 그렇게 무너지고, 하나님께 집중하면 그리 힘들이지 않아도 세워지고 승승장구하는 삶 되는 것이지요.

요셉을 보세요.

그냥 물 흐르듯 그렇게 살아가지 않습니까. 노예로 팔려가도, 억울하게 감옥에 들어가도, 도움을 주겠다는 약속을 깨도 그냥 묵묵히 살아갑니다.

그러니 보십시오. 되레 주위에서 난리입니다. 요셉을 들어 쓰려고 요셉은 가만히 있어도 왕 다음으로 가는 위치까지 그냥 등 떠밀려 올라가지 않습니까!

여기 어디에 억지가 있습니까? 결코 없습니다. 그냥 물 흐르듯 한 삶의 능력만이 있을 뿐입니다. 하나님을 붙드니 그럴 수밖에 없는 것이지요.

다니엘을 보세요.

기도하면 사자굴에 들어간다고 해도 그냥 전과 같이 그것도 창문을 활짝 열고 보란 듯 기도했습니다. 기도 멈추지 않았습니다. 문을 꼭꼭 걸어 잠그고 숨어 기도하지 않았습니다. 그냥 했습니다. 사자굴에 들어갈 때도 그냥 묵묵히 들어갔습니다. 발버둥 한 번 치지 않았습니다. 고요했습니다.

대신 주위 사람들이 난리입니다. 특히 다리오 왕을 보세요. 밤이 새도록 자지 못하고 금식하고 안절부절 난리입니다. 다음 날 새벽에 제일 먼저 사자굴에 급히 달려가서 다니엘의 안부를 확인하는 그런 난리를 부렸습니다. 그리고 너를 이렇게 한 자들을 기어이 죽일 거라며 노발대발하지 않습니까!

하지만 반대로 다니엘은 조용합니다. 고요합니다. 그냥 그렇게 평범합니다. 주위와 너무 대조적입니다. 여기에 억지가 있습니까? 결코 없습니다. 그냥 물 흐르듯 한 고요만이 있을 뿐입니다.

사랑하는 여러분!

인생을 내 힘으로 억지 춘향 격으로 살지 않아야 하겠습니다.

하나님의 힘으로 자연스레 물 흐르듯 그렇게 살아가야 할 것입니다. 그렇게 사는 것이 능력이며 삶을 풍성히 살아가는 원리입니다.

잊지 마십시오. 세상은 내게 집중하게 하지만 성경은 하나님께만 집중하라고 하십니다.

그러니 성경이 하는 말씀에 귀 기울여야 할 것입니다. 인생은 그렇게 하나님 붙듦으로 살아가는 것입니다. 할렐루야!

"삶은 우리가 원하는 대로 펼쳐지는 것이 아니라, 우리가 감당해야 할 것들로 가득 차 있다."_(칼 융)

(Life does not unfold as we wish, but is filled with what we must endure. _Carl Jung)

삶이란 무엇인가

삶(人生)은
억지로 끌고 가는 수레가 아니다
땀으로 밀어붙이는
고장 난 기계도 아니다

삶은
흐름(流)이다
자연(自然)의 흐름을 따라
바람 불면 기울고
햇살 내리면 고개를 드는
풀 한 포기처럼

억지로 잡으려 하면
물은 손가락 사이로 새고
세상은 점점 멀어진다
그러나
놓고 나면
흘러온다
내가 밀지 않아도

무언가가 이끌고
안아주는 것이 있다

그것이 바로
신(神)의 섭리(攝理)

우리가 할 일은
세상의 흐름을 거스르는 것이 아니라
그 안에서
순응하고
기다리고
신뢰하는 것

높이 나르려 애쓰기보다
바람이 불 때까지
날개를 접고 있는 새처럼
때를 기다리는 삶
그 기다림 안에서
신의 손길은
우리를 이끄신다
힘으로 이기려 하지 말고
흐름을 타라

억지로 가지 말고
길이 열릴 때 걸어라

삶은
힘겨운 경쟁이 아니라
거대한 질서(秩序)에
순응하며 나아가는 여정(旅程)

나는 이제 안다
삶이란
자연스럽게
그러나 흔들림 없이
신(神)의 품에 의지하며
걸어가는 일임을

그래서 오늘도
내 힘을 내려놓는다
내 뜻보다
그분의 뜻(意)을 믿는다
그 믿음 안에서
비로소,
삶은

살아내는 것이 아니라
살게 되는 것이다

🌿 시작과 끝의 주인은 누구인가?

뭐든 시작이 있으면 끝이 있습니다. 생명도 마찬가지입니다.

그래서 우리는 모두 앞으로 반드시 죽을 것입니다. 왜냐하면, 끝이 있기 때문이지요. 싫어도 어쩔 수 없습니다. 아무리 불로초를 먹어도 안 됩니다. 왜냐하면 하나님이 그렇게 만드셨기 때문입니다. 그러니 반드시 끝이 있음을 붙들 줄 알아야 하는 것이지요.

그런데 이상하게도 신자나 비신자 모두 그런 사실을 귀담아듣지 않습니다. 왜 그럴까요?

그렇습니다. 다른 이는 몰라도 나는 안 죽는다는 확신 때문입니다. 그야말로 교만의 극치이지요.

병원에 가보세요. 그것도 중환자실에 가보세요. 연일 죽습니다. 계속 죽습니다. 끊임없이 죽어 나갑니다. 화장장을 가보세요. 연일 태웁니다. 계속 태웁니다. 순번을 기다려 태워집니다. 끊임없이 태우고 또 태웁니다.

묘지에 가보세요. 연일 묻힙니다. 계속 묻힙니다. 끊임없이 묻고 또 묻힙니다. 그야말로 죽음이 바로 내 옆에 있음을 깨닫게 하는 현장이라 하겠습니다. 왜냐하면, 그렇게 죽을 수밖에 없는 존재이기 때문이지요.

잊지 마세요. 반드시 저도 죽고 당신도 죽습니다. 그리고 태워져 한 줌의 재가 되어 사라질 것입니다.

시작이 있다면 끝도 반드시 있다는 사실과 두려운 심판이 있다는 사실! 그것은 시작과 끝의 주인이 말씀하신 것입니다.

"한번 죽는 것은 사람에게 정하신 것이요 그 후에는 심판이 있으리니" _(히9:27)

"우리의 시간은 한정되어 있다. 그러니 다른 사람의 삶을 살며 시간을 낭비하지 말라." _(스티브 잡스)
(Our time is limited, so don't waste it living someone else's life. _Steve Jobs)

한계(限界) 위에서

어느새
계단을 오를 때 숨이 가빠온다
아무렇지도 않게 지나치던 바람에도
등골이 서늘해진다
거울 속 내 얼굴에선
아버지(父)의 그림자(陰影)가 보이고
아이들(子女)의 웃음은
언젠가 내 손을 떠날 준비(準備)를 하고 있다
나는 이 땅에 잠시 머물고 있는
순례자(巡禮者)라는 말을
이제야 마음으로 믿기 시작했다
젊을 땐
죽음(死)은 늘 남의 이야기였지만
이제는 나의 기도(祈禱) 속에도
"주여(主여), 마지막까지 흔들리지 않게 하소서"
라는 문장이 자리를 잡는다
인생(人生)은 끝이 있다
육신(肉身)은 흙으로 돌아가고
영혼(靈魂)은 주의 손으로 돌아간다

이 절대적(絕對的)인 진리(眞理)를 거부할 수 없어
나는 오늘도 조용히 머리를 숙인다
어떤 날엔 무력(無力)하다
내 손으로 쌓은 것들이
바람 앞의 등불처럼 위태(危殆)로워 보인다
그러나 또 어떤 날엔
주님의 음성(音聲)이 들리는 듯하다
"두려워하지 말라, 내가 너와 함께 함이라"
주어진 시간이
이토록 값지고 유한(有限)하다는 것을 알기에
나는 이제야
오늘 하루를 진심(眞心)으로 살아간다
무언가를 더 가지려는 것이 아니라
무엇을 더 사랑(愛)할 수 있을지를 묻는다
죽음은 끝이 아니라
만남(會合)이다
처음으로 나를 지으신 분과
눈을 마주하는, 거룩(聖)한 시작(始作)
내 인생의 한계(限界)는
나를 속박(束縛)하는 울타리가 아니라
하늘을 바라보게 하는 창(窓)이었다
나는 이제 그 창가에 앉아

흘러가는 구름처럼
하나님(神)의 시간을 바라본다

🌿 내가 아니라 하나님이 하시니 신실한 복음입니다

우리는 나름의 신념을 가지고 살아갑니다.

그러기에 새로운 아침이 되면 우리는 어제의 좌절을 내려놓고 또다시 우리의 삶터로 각자 나아가는 것입니다. 나름의 희망과 포부를 가지고서 말이죠.

그러나 일과를 마칠 때, 그중에 얼마나 많은 사람이 내일의 소망을 경험할 수 있을까요? 역시나 어제와 같이 희망과 포부가 무너진 탓에 또다시 좌절하는 또 하루에 불과할 뿐입니다.

왜 그럴까요?

불편하지만 굳이 답을 한다면, 내가 주인 되어 살고 있기 때문입니다. 그게 명확한 답이며, 문제 해결의 출발점이라는 것이지요.

결국 귀결되는 종착지는 한계를 가진 인간이라는 명제가 더욱 선명할 뿐입니다.

한계, 무슨 말일까요? 그렇습니다. 더는 나아가지 못한다는 뜻이지요. 더는 못한다는 것입니다. 더는 내가 할 수 없다는 것이지요. 누군가 대신해 주어야 한다는 것을 의미하는 것입니다.

복음이라는 것 자체가 은혜가 되는 것은 신실하기 때문입니다. 왜, 신실합니까? 한계가 없는 하나님이 제시한 소식이기 때문이지요.

부도가 나지 않는, 다시 되돌리는 일 없는, 다시 번복하는 일 없는, 명약관화, 확고부동한 약속이기 때문입니다. 그러기에 신실하다는 것이지요.

기독교는 인간이 만든 종교가 아니지만 다른 종교와 굳이 비교한다면 제일 큰 차이가 다른 종교는 자신의 힘으로 득도한다는 것입니다. 자신의 힘으로 궁극에 이른다는 것이지요. 자신만 잘하면 된다는 것입니다.

그러나 기독교는 전혀 그게 아니라는 것입니다. 한계를 가진 인간은 죽었다가 깨어나도 안 됨을 못 박고 있습니다. 즉, 오직 하나님만이 할 수 있다는 것을 말씀하지요.

그러니 복음이 진짜라는 것입니다. 진짜 좋은 소식이라는 것이지요. 진짜 믿을만한 소식이라는 것입니다. 한계를 가진 인간이 제시한 것이 아니라 한계 없는 하나님이 제시한 것이기 때문에 복음은 진짜라는 것이지요. 그런 차원에서 이렇게 말씀하신 것을 보면 더더욱 믿음직스럽습니다.

"너희는 이 세대를 본받지 말고 오직 마음을 새롭게 함으로 변화를 받아 하나님의 선하시고 기뻐하시고 온전하신 뜻이 무엇인지 분별하도록 하라" _(롬12:2)

여기 '변화를 받아~' 헬라 원어로 보면 현재진행, 수동태, 명령형으로 쓰였습니다.

무슨 말인가 하면, 변화는 반드시 계속해 나가되, 내 힘이 아니라 하나님의 힘으로 되어짐을 붙들어야 함을 명령하고 있는 것입니다.

그렇습니다. 누군가 해주어야 하는데 하나님께서 해주신다는 것입니다. 신실하신 하나님이 그렇게 해주셔야 변화된다는 것이지요.

한계 있는 인생이 직접 하는 게 아니라 한계 없는 하나님이 직접 하신다는 것입니다. 할렐루야가 아닐 수 없는 것입니다. 내가 하는 게 아니니 백번 천번 생각해도 천만다행이기 때문이지요. 이 얼마나 믿을만한 복음인지요. 불안한 나 자신이 아니라 완전한 하나님만 붙들면 되니 말입니다.

복음!

아무리 생각해도 참으로 감격스러운 소식이 아닐 수 없습니다. 저와 여러분은 복 받은 사람인 겁니다. 내가 하지 않아도 되는 그것을 누리게 되었으니 말이지요.

> "보내심을 받지 아니하였으면 어찌 전파하리요 기록된 바 아름답도다 좋은 소식을 전하는 자들의 발이여 함과 같으니라" _(롬 10:15)

> "인간은 한계를 가지고 있기 때문에 인간이다." _(길버트 케이

체스터튼)

(Man is only man because he has limits. _Gilbert K. Chesterton)

🌿 실력이 없으면 제발이지 은혜라도 붙들어야 할 것입니다

이런 말이 있습니다.
기는 자 위에 걷는 자,
걷는 자 위에 뛰는 자,
뛰는 자 위에 나는 자,
나는 자 위에 붙어 다니는 자가 있다는 말이 있습니다.

무슨 말일까요?
기지도, 걷지도, 뛰지도, 날지 못해도 그중 제일은 붙어 다닌 자, 덤으로 사는 자가 가장 제일이라는 말을 하고 있는 것입니다. 조금 달리 말하면 은혜로 사는 자의 강력함을 말하는 것이겠지요.
자녀 중에 어리석은 녀석이 종종 있을 겁니다. 초등 3~4학년쯤 되면 하는 말이 안마했다고, 구두 닦았다고, 심부름했다고, 심지어는 자기 공부인데 시험 잘 쳤다고 용돈 달라는 녀석들 말이지요. 참 웃기는 녀석들입니다. 거기다가 그동안 평소 받아온 용돈에 플러스해서 받고자 한다는 것입니다.
그러나 아닙니다. 더 안 줍니다. 딱 그것만 줍니다. 어쩌면 그런 저의가 괘씸해 용돈이 깎이는 경우도 있습니다. 그냥 그동안 받아

온 대로 누리며 살 것이지 굳이 긁어 손해를 보는 겁니다. 어리석은 일이 아닐 수 없습니다.

무슨 말일까요? 그렇습니다. 은혜를 모르는 자의 무너짐이라는 것이지요.

사무엘상 17장 블레셋과의 전쟁 전을 보세요.

이스라엘 백성들은 그동안 블레셋과 2번 암몬과 1번 아말렉과 1번을 싸워 이겼습니다. 그런 군인들이 골리앗 앞에서 벌벌 떨고 있습니다. 그러나 소년 다윗은 거인 골리앗을 개로 취급할 만큼 가소롭게 보고 있습니다.

왜 이런 차이가 나는 걸까요?

그렇습니다. 이스라엘 군사들은 그동안의 싸움에서 자신들이 싸운 것이 없기 때문입니다. 그러니까, 언제나 벌벌 떨 때 하나님이 싸우시고 난 후 그냥 이삭줍기하듯 했던 것이지요.

그러나 다윗은 양을 구할 때 곰과 사자와 싸운 실전이 있었기 때문입니다. 하나님을 의지하며 직접 실전에 뛰어들어 싸웠던 것입니다.

그렇습니다. 다윗은 하나님의 은혜뿐 아니라 실전으로 실력을 갈고닦았으니 얼마나 당당하겠습니까! 반대로 이스라엘 군대는 실력이 없으면 은혜라도 굳건히 붙들 일인데 그것마저도 놓치고 있더라는 것입니다. 그러니 수많은 전쟁에서 승리를 거둔 그들이었지만 오합지졸이더라는 것이지요.

그런데 사실 오합지졸이면 어떻습니까? 하나님 은혜 붙들면 되지 않습니까! 그러면 되지 않습니까! 그러나 그들은 언제나 하나님의 은혜를 잊어버리더라는 것입니다. 그게 문제인 겁니다. 그야말로 실력도 없고, 믿음도 없고, 총체적 위기가 따로 없는 모습이라는 것입니다. 그러니 벌벌 떨 수밖에 없는 것이지요.

반면, 다윗을 보십시오. 능력과 실력도 있을 뿐 아니라 굳건한 믿음까지 완벽히 가진 모습입니다. 그러니 골리앗 앞에 군인들은 벌벌 떨지만 다윗은 몸에 맞지 않은 장비 다 버리고 돌 들고도 당당할 수 있는 것입니다.

사랑하는 여러분!
실력이 없으면 하나님 은혜라도 굳건히 붙들어야 할 것입니다.
그러면 되는 것입니다. 그런데 이것도 저것도 아니면 어떻게 살겠습니까! 인생은 하나님의 힘으로 살아가야 하는데 말입니다.
무서워 벌벌 떨면서 자존심은 있어서 동생에게 몹쓸 말까지 퍼붓는 다윗 형들처럼 되지 않으려면 은혜라도 붙들어야 하는 것이지요. 그런다고 하나님께서 책망하지 않으십니다. 왜냐하면 그렇게 살아야 하기 때문에 오히려 오냐 하시는 것입니다.

"여호와께서 너희를 위하여 싸우시리니 너희는 가만히 있을지니라" _(출 14:14)

"은혜란 받을 자격이 없는 자에게 하나님이 주시는 무조건적인 선물이다."_(필립 얀시)

(Grace is God's unconditional gift given to those who do not deserve it. _Philip Yancey)

🌿 아파도 믿음의 삶은 멈추지 않아야 합니다

우리는 기도하며 이렇게 생각합니다.

단번에 응답해 주시면 얼마나 좋을까 하고 말입니다. 특히나 위급한 상황이나 큰 병에 걸렸을 땐 그런 마음이 더 간절합니다.

그래서 그와 같은 상황에서 하나님을 떠나기도, 더더욱 신실한 자로 거듭나기도 하지요. 여하튼 응답이 늦어질 땐 인간적인 생각에선 참으로 안타까운 일이 아닐 수 없습니다. 하나님의 시간이 어찌 이리도 인간의 시간과 다른지 말입니다.

여하튼 기다리는 자리에서 가만 생각해볼 수밖에 없는데, 성경의 굵직굵직한 인물들을 보면 하나 같이 가시(약점)를 가진 자들임을 알 수 있습니다.

그냥 완벽한 인물을 찾아 쓰시면 얼마나 보기도 좋을까요. 그러나 범죄한 후예들이라 그런지 어쩔 수 없으신 것 같아요.

특별히 바울은 육체 가시를 달고 살았습니다. 사실 육체의 가시가 바울에게 있어 정말 유익한 것이었을까요? 남의 일이라 마구 그렇게 말씀하시면 안 됩니다. 정말 그의 가시가 유익했다면, 왜 없애 달라고 했겠습니까! 하지만 나중에 그의 고백은 그것 때문에 오히려 강하게 되었다고 하니 물론 심중은 가지만 참으로 기이한 일이 아닐 수 없는 것입니다.

그러나 분명한 건 하나님은 그것까지도 선으로 바꾸시는 것은 분명해 보입니다. 그렇지 않으면 바울의 고백은 거짓일 테고 또 하나님은 무능한 분이 아니면 고약한 분이 되기 때문이지요.

일전에 한의사가 이런 이야기를 했습니다. 우리 몸속엔 유익균과 유해균이 존재해야 한다고 말입니다. 그러면서 8.5(유익균):1.5(유해균)가 황금비율이라고도 했습니다.

그 이유는 유해균도 나름 일을 하기 때문인데 그것은 유익균의 능력 배가를 위한 자극제라는 것입니다. 참으로 일리가 있는 말이었습니다. 세균도 이와 같은 원리로 존재하더라는 것입니다.

그런 차원에서 보면 우리에게 있는 아픔, 약점, 가시와 같은 것들은 필요악이라는 생각이 들 수밖에 없겠지요. 왜냐하면 그것으로 우리를 온전히 만들어 가시는 하나님의 손길을 볼 수 있기 때문입니다. 그래서 그 필요악이라는 것을 없애 달라는 발악은 어떻게 보면 불신앙과 진배없는 모습이라 하겠습니다.

그럼에도 우리는 그것을 없애 달라고 얼마나 난리치는지 모릅니다. 그것도 빨리빨리 단박에 확! 하고 말입니다.

그런 것 보면 우리는 참 급하고 인내와는 거리가 먼 삶을 살고 있는 것 같아요. 하나님 편에서 보시면 안타깝고 답답하실 수밖에 없는 노릇이 아닐 수 없겠지요. 하나님 속도 모르고 말입니다.

병든 육신의 어미를 둔 자로 필요악과 같은 가시를 어떻게 좀 해 보고 싶은데, 그럴 때마다 하나님은 그냥 기도만 하라고 하십니다. 그래서 답답함은 나중에 그 나라에 가서 꼭 여쭙고 싶은 질문으로 남겨 두었습니다.

육신뿐만 아니라, 마음이 힘드실 때, 하나님만 바라보시면 참 좋으련만 자꾸만 신경질도 내시고 분이 나서 죽겠다고만 하시니 때론 하나님 보시기에 죄송해서 슬플 때도 있습니다. 육의 어미와 영의 아비 사이에서 아들은 오늘도 죽을 지경인 거지요.

그렇습니다. 어쩌면 이것 역시 저의 가시일지도 모를 일입니다. 반전을 위한 그런 필요악의 가시 말입니다. 그래서 아파도 믿음의 삶은 멈출 수가 없습니다. 바울 선생이 느닷 그립습니다. 그 비결이 무척 궁금합니다.

"그러므로 내가 그리스도를 위하여 약한 것들과 능욕과 궁핍과 박해와 곤고를 기뻐하노니 이는 내가 약한 그 때에 강함이라"_(고후 12:10)

"우리에게는 쓰라린 시련으로 보이는 것이 종종 축복으로 위장되어 있다."_(오스카 와일드)
(What often appears to us as bitter trials is disguised blessings. _ Oscar Wilde)

🌿 오래 하는 게 능력입니다

　운동도 그렇지만 뭐든 오래 하는 사람을 보면 뭔가 믿음직합니다. 믿음직하다는 말은 다른 말로 신뢰가 된다는 말이지요. 신뢰가 된다는 말은 어쩌면 그가 실력자 능력자라고 해도 무방할 것입니다.
　그래서 양은냄비에 물 끓듯이 하다 금방 식어버리는 사람을 보면 신뢰가 가지 않는 것이지요. 사실 능력자는 뭔가 시작했다면 진득하니 끝을 봅니다. 물론 그것이 좋은 결과로만 귀결되지 않더라도 끝까지 가더라는 것입니다.

　일전에 가수 이미자 씨를 소개했었는데 그녀는 자타가 공인하는 능력자입니다. 그녀의 능력은 탁월합니다. 80년대 발라드가 등장하면서 그녀는 무대 중앙에서 조금씩 물러났습니다. 또한 동시에 트로트라는 장르가 나타났을 때도 그녀는 거기에 영합하는 대신 전통가요라는 장르를 고집하며 거기에 머물기로 하고 타협하지 않았습니다.
　거기다가 함부로 TV에 출현하지도 않았고, 히트곡을 내려고 아무 데나 가서 곡을 받지도 않았습니다. 그런 그녀는 자신의 음반과 똑같은 노래를 들려줄 수 있는 라이브 무대만큼은 매년 전국을 돌며 열었다고 합니다.
　또한 그녀는 지금까지 지키고 있는 라이브의 원칙은 음반 녹음할 때와 똑같이 부르는 거라고 말했습니다. 그런 그녀는 여전히 60년 전과 똑같은 창법으로 노래하고 있는 것입니다.

여러분, 그녀를 가만히 보십시오.
무엇을 느낄 수 있습니까? 내공을 가진 능력자임을 느낄 수 있지 않습니까! 실력이 없었으면 벌써 두 손 들고 시류에 영합했을 것입니다.
그러나 그녀는 그렇지 않았습니다. 자신의 것을 끝까지 붙들고 승부하더라는 것입니다. 오래오래 하더라는 것이지요. 지금 전성기를 누리는 어떤 가수도 그런 결기를 보여주지 못하지만 그녀는 보여주더라는 것입니다.

사랑하는 여러분!
실력이 무엇이라고 생각하십니까? 그렇습니다. 오래 하는 것이 실력인 것입니다.
누가복음 2장에는 아셀 지파 바누엘의 딸 '안나'라는 선지자가 나옵니다. 이 선지자는 이스라엘의 회복을 고대하며 기다리고 기다린 끝에 메시야를 보게 되고 하나님께 감사를 드리는 은혜를 누렸습니다.
그녀의 삶은 어떤 삶이었을까요? 결혼 후 7년 만에 과부가 되어 84세가 된 노인입니다. 거기다 성전을 떠나지 않고 주야로 금식하며 기도한 사람이지요.

무슨 말일까요?

그렇습니다. 오래오래 하니 메시야의 나심을 보게 되더라는 것입니다. 고대하는 바를 이루더라는 것이지요. 열매 맺는 삶으로 귀결되더라는 것입니다. 참으로 오래 기다림의 능력자가 아닐 수 없는 것입니다. 그래서 누차 말씀드리지만 오래 함이 실력이라는 것이지요. 실력이 있으니 오래 하고 결과를 누리는 것입니다.

저의 아내는 한 직장에서 오래 근무했습니다. 웬만하면 이직을 하는 그런 힘든 직장입니다. 그러나 이직하지 않고 오래 하니 자타가 공인하는 실력자와 능력자가 된 것입니다. 급기야 아내가 이직할까 봐 주인을 비롯해 모두가 벌벌 떤다고 하니 무슨 말을 하겠습니까.

사랑하는 여러분!

잊지 마십시오. 자리 지킴은 힘이 듭니다. 하지만 그것이 능력이 되고 실력이 되는 자리임을 알고 강력히 붙들어야 할 것입니다. 하나님은 그와 같은 사람들에 주목할 것입니다. 왜냐하면 신실함은 바로 '오래'라는 뜻이 있는 말인데 우리 하나님이 신실한 하나님이시잖아요. 그러니 신실한 자들을 향한 하나님의 관심은 지극히 당연한 것이겠지요. 오래 하는 사람은 하나님의 박수를 받는 능력자입니다.

"너희에게 인내가 필요함은 너희가 하나님의 뜻을 행한 후에 약

속하신 것을 받기 위함이라"_(히 10:36)

"멈추지 않는 한 얼마나 천천히 가는지는 중요하지 않습니다."_(공자)

(It does not matter how slowly you go as long as you do not stop. _Confucius)

인내(忍耐)

세월은
물처럼 흐르지 않았다
석(石)처럼 굳고,
형극(荊棘)처럼 날카로웠다
젊은 날의 기도는
화(火) 같았고
응답이 없을 때
나는 자분(自分) 탓했다
그러나
주(主)는 침묵 속에서
나를 부르셨고
나는 그 침묵(沈默)으로
참는 법을 배웠다
무너지지 않기 위해
주어진 자리를
붙들고 서 있던
그 수많은 날들
忍(참을 인), 耐(견딜 내)
이 두 글자가

내 삶의 기도문(祈禱文)이었고

주님은 그 문 끝에

은혜(恩惠)를 적으셨다

바람은 지나가고

겨울도 지났다

남은 것은

주께서 세우신

한 사람의 믿음이었다

흔들려도

꺾이지 않는

그것이 곧

주 안에서의 능력(能力)이었다

🌿 부흥이란?

부흥의 히브리어는 '하야'(חיה)입니다.

하야(חיה)를 직역하면 살다, 생명을 얻다, 살아나다. 라는 뜻입니다. 영어로는 revival입니다. 즉, 다시 살아남이라는 뜻이지요.

하박국서의 하박국 선지자는

"여호와여 내가 주께 대한 소문을 듣고 놀랐나이다 여호와여 주는 주의 일을 이 수년 내에 부흥하게 하옵소서 이 수년 내에 나타내시옵소서 진노 중에라도 긍휼을 잊지 마옵소서"-(합3:2)라고 했습니다.

그런데 수년 내에 나타내시옵소서라는 의미는 빨리 징계해 주세요. 라는 의미를 지니고 있음을 알 수 있습니다.

그러니까 정리하면, 하나님 다시금 저희에게 부흥을 주실 것인데 바벨론을 통해 우리를 빨리 징계해 주세요. 그래야 다시 소생할 수 있지 않겠습니까? 라는 말을 하고 있는 겁니다.

사실 하박국 선지자는 처음에 선민인 이스라엘이 왜 이렇게 죄악 가운데 있는 걸 보고만 계시냐고, 그리고 왜 또 이방의 나라를 들어 징계하시냐고 하나님께 항변했습니다. 하지만 하박국 선지자는 하나님의 의중을 깨닫고 빨리 징계해 달라는 그런 말을 한 것입니다.

그렇습니다. 여러분!

여러분도 부흥케 되길 원하십니까? 그러면 먼저 내게 무너질 것이 있는지 돌아보아야 하는 겁니다. 그리고 혹 있다면, 그것 빨리 없애달라고 해야 하는 것이지요. 부흥이라는 단어의 의미 속에는 이렇게 먼저 무너짐, 다시 살기 위해 먼저 죽어야 하는 의미가 있음을 잊어서는 안 됩니다. 그러니까, 부흥이라는 단어 의미는 속에는 무너짐을 전제하고 있는 것이지요. 그것 없이는 어떤 소생도 없습니다. 다시 사는 어떤 일도 일어나지 않습니다. 부흥은 그런 뜻입니다. 죽어야 다시 사는 것이지요.

나가는 말

처칠의 좌우명이 '결코 포기하지 말라'입니다. N포 세대의 이 'N' 자를 이니셜로 해서 Never(절대로)로 바꾼다면 어떨까요? 아니 그렇게 바꾸기로 합시다.

끝이 없는 터널은 없습니다. 반드시 반대편에 끝이 있습니다. 그래서 설령 기어서 가더라도 멈추지만 않으면 아무리 긴긴 터널이라도 통과할 수 있습니다. 그러니 이 암울한 N포 시대를 사는 우리는 이 'N'자를 Never의 이니셜로 삼아야 할 것입니다. 이것은 후대를 향한 시대적 사명과도 같은 것이라 생각합니다.

우리는 후대의 것을 당겨 사용하고 있는 줄도 모릅니다. 그렇습니다. 정치, 사회, 경제, 문화에 관한 일체의 것들을 빌려 사용한다고 해야 할 것입니다. 사실 지금의 암울한 시대를 가만히 들여다보면 미래의 것을 당겨쓰고 있는 것이 한둘이 아닙니다. 그런 차원에서 우리는 그들에게 빚진 자들이라 하겠습니다.

그렇습니다. 빚은 반드시 갚아야 하는 것입니다. 그러지 않으면 범죄가 되는 것입니다. 그래서 사도 바울은 빚진 자로 죽기까지 복음을 전했던 겁니다.

무슨 말입니까? 빚은 반드시 되돌려 주어야 한다는 것을 의미하는 것입니다. 그런 차원에서 오늘 우리는 더 많은 것을 물려 줄 수는 없다고 하더라도 아니, 빌려 쓴 것을 갚지는 못한다고 하더라도 이 무너진 세대, 모든 것을 포기해야 하는 세대만큼은 우리 세대에서 끝을 내야 하는 것입니다.

그것이 후대에게 적어도 양심이 있는 선배들의 모습일 것입니다. 그러니 천천히라도 멈추지 않고 우리 앞에 놓인 거대한 골리앗과 같은 문제를 하나하나 진득하니 풀어나가야 할 것입니다. 그러면 이 어둡고 끝나지 않을 것 같은 긴긴 터널도 언젠가는 끝날 것이고, 광명한 빛을 발하는 출구에서 우리는 환하게 웃을 수 있을 것입니다.

다시금 부탁합니다. 절대 절대로 멈춰 서지 맙시다. 그러면 됩니다.

절대로, 절대로, 포기(抛棄)하지 마라

절벽 앞에서
바람은 등을 밀고
어둠(暗) 속에서
의지는 꺾이려 할 때
너는
멈추지 마라

세상이 등을 돌릴지라도
하늘(天)은 너를 보고 있다
땅끝이라 여긴 그 자리에서
새벽(曉)은 언제나 시작된다

넘어졌는가?
일어나라
부서졌는가?
다시 붙이라
길(道)이 없다고 느낄 때
그 자리가
길이 되는 법이다

울어도 된다

흔들려도 괜찮다

무릎 꿇고 기도(祈禱)하며

두 손(手)으로

내 운명(運命)을 일으켜 세워라

사람이 보지 않아도

하나님(神)은 알고 계신다

그분은

포기(抛棄)하지 않은 자를

결코 외면하지 않으신다

그러니

절대로

절대로

포기하지 마라

그 외침(外喊)은

너의 심장(心臟)이 될 것이다

그 신념(信念)은

너의 날개(翼)가 될 것이다

그리고 언젠가

그 모든 상처(傷處) 위에
빛나는 승리(勝利)의 이마를 얹게 되리라
절대로,
절대로,
포기하지 마라

너는 아직
끝(終)이 아니다
시작(始作) 중이다

천천히 걸어도 멈추지 않으면 됩니다

초판 1쇄 인쇄 2025년 09월 17일
초판 1쇄 발행 2025년 09월 24일
지은이 전흥웅

펴낸이 김양수
펴낸곳 도서출판 맑은샘
출판등록 제2012-000035
주소 경기도 고양시 일산서구 중앙로 1456 서현프라자 604호
전화 031) 906-5006
팩스 031) 906-5079
홈페이지 www.booksam.kr
블로그 http://blog.naver.com/okbook1234
이메일 okbook1234@naver.com

ISBN 979-11-5778-716-6 (03230)

* 이 책은 저작권법에 의해 보호를 받는 저작물이므로 무단전재와 무단복제를 금지하며, 이 책 내용의 전부 또는 일부를 이용하려면 반드시 저작권자와 도서출판 맑은샘의 서면동의를 받아야 합니다.
* 책값은 뒤표지에 있습니다.
* 파손된 책은 구입처에서 교환해 드립니다.